海藻の歴史

SEAWEED: A GLOBAL HISTORY

KAORI O'CONNOR
カオリ・オコナー【著】
龍 和子【訳】

原書房

目次

第4章　太平洋地域と南北アメリカの海藻　99

第5章　イギリス諸島と北欧の海藻　131

終　章　今こそ海藻の時代　164

［……］は翻訳者による注記である。

序章◉海藻とはなにか

植物でも動物でもない。地球の大半を覆っているのに人目につくことはあまりない。風にそよぐが地に立っているわけではない。人は毎日私を食べるが、それとは気づいていない。古い食べ物でもあり、未来の食べ物でもある。私は何者？

——答えは、海藻。比類なきスーパーフード。

私たちが住む地球は、その表面の71パーセントが水に覆われる青い天体だ。[1] 土地は有限であるという事実を人類は認めざるをえない近年、新しい食物や医薬品の原料その他に利用できる産物を探そうとすれば海に目が向くのは自然なことだろう——そして、そこには海藻がある。海藻は地球に残された最大の再生可能な天然資源であり、また見直されるべき食材の宝だ。

1833年、若き博物学者チャールズ・ダーウィンは、ビーグル号で南アフリカ大陸南端部のティエラ・デル・フエゴに到着した。ダーウィンは、その周囲に広がるジャイアントケルプ［コンブ科の海藻で、全長50メートルに達するものもある］や、海の生物が豊富な恵みの海に感銘を受けて、航海記にこう書いた。

ジャイアントケルプに深く頼って生きている生物全体の数には、驚くものがある……葉の上にも、カサガイ類の貝各種、タカセガイ類、殻をもたない軟体動物、そして二枚貝類数種が付着している。無数の甲殻類が海藻のどこを見てもむらがっている……南半球にあるこの巨大な海中ジャングルに比肩できるものといわれても、熱帯の地上部にひろがる大ジャングルしか思い浮かばない。けれども、どの地域の密林が破壊されたところで、ジャイアントケルプ密林の破壊で生じる動物の死滅量にはとても及ばないであろう。この植物の葉のあいだには無数の魚類がおり、ここでだけ餌や隠れがを得ている。だからジャイアントケルプがなくなれば、たくさんのウやそのほかの魚食性鳥類、カワウソ、アザラシ、イルカなどが、ただちに死滅するだろう。そして巡りめぐって、この悲惨な土地の悲惨な王であるフエゴ族も食人の機会を増加させ、人数を減らし、ついには死滅するだろう。[2]［『新訳　ビーグル号航海記　上』荒俣宏訳／平凡社／2013年］

この航海記でダーウィンは、今日ようやく評価されつつある、偉大な自然の法則に目を向けている。それは、多くの生物が海藻に大きく依存する生態系だ。

●海藻とはなにか？

海藻とは海に生息する藻類であり、地球上のあらゆる海で見られる。熱帯の水温の高い海から、北極や南極の冷たい海まであらゆる気候帯の海に生育する海藻だが、解明されていない謎も多い。海藻の分布は地球規模で把握されているわけではなく、生育環境もくわしくは判明していない。分類も不完全であるし、種類がどれほど多様かも明確ではない。[3] だが地球に存在する海藻はおよそ1万種類におよび、地球上の生物にとってその存在が欠かせない点ははっきりしている。

私たちは、呼吸に必要な酸素は大地にある植物が生み出していると思っているが、実は、海中にある大小の海藻が光合成により地球の酸素のおよそ75パーセントを供給し、大気中の二酸化炭素の多くを吸収している。[4] またダーウィンも述べているように、海藻は海の生態系において基盤となる役割を果たしている。多くの海の生物に食物と住み処や隠れ場を提供し、このため、海の生物を利用して生きる人類や動物にも海藻は欠かせないものなのだ。

自然界において特異な存在である海藻は、キノコと同じく、植物でも動物でもない。動物でないのは見ても明らかだが、海藻には、植物がもつ種も実も、維管束［植物の根、茎、葉を貫く束状の組織で、水分や養分の通路となる］もない。栄養分は、その表面で海水から直接漉しとる。海藻は色によって、紅藻（約7000種）、褐藻（約2000種）、緑藻（約1000種）の3つに分類されるのが一般的だ。[5] この多くは世界中で食用とされ、時代ごとにさまざまに利用されてきた。今日、

イギリス、ヴィクトリア朝の海藻の植物画

一般に使用されている海藻名の多くは日本語のものだ。日本が、現代における食用海藻の商業養殖と販売のパイオニアだからだ。

海藻類のなかでも最多の種類とグループをもつ紅藻類には、食用の海藻でも非常に有名なものがいくつかある。たとえば、ノリやラバーをはじめ60以上もの種類があるアマノリ属（学名 *Porphyra*）や、ダルス［西ヨーロッパの沿岸地域で食されてきた紅藻］（学名 *Palmaria palmata*）だ。このグループにはカラギーン（学名 *Chondrus crispus*）やスギノリ属（学名 *Gigartina*）、キリンサイ属（学名 *Eucheuma*）、テングサ属（学名 *Gelidium*）、オゴノリ属（学名 *Gracilaria*）もあり、この5つはどれも液体をゼリー状に固める天然の成分をもつ。

褐藻類には食用のケルプの仲間がある。低温の海域で繁殖し、その多くが食用にできる。よく食べられているのが、日本語では昆布、中国語では海帯（ハイタイ）と呼ぶコンブ属（学名 *Laminaria*）や、日本ではワカメ、中国ではチュンタイツァイと呼ぶワカメ属（学名 *Undaria*）の海藻だ。[6] 一番数が少ない緑藻類は海のレタスともいわれ、かなり繊細で、温暖な地域の、海岸に近いおだやかな海域で見られる。

海藻にはごくかぎられた地域でのみ利用され、地域独特の食や習慣に従った非常に特殊な食べ方をするものもある。また、世界中で利用されているものの、そのことがあまり知られてはいない海藻もある。

◉フィココロイド

紅藻類と褐藻類はフィココロイドを含む。フィココロイドとは、液体やペースト状のものにくわえると、固めたり状態を安定させたり、乳化（にゅうか）［水と油など本来混ざり合わないものを均一に混ざり合った状態にすること］したり透明にしたりする性質をもち、ゲル化剤（凝固剤）とも呼ばれる物質だ。この海藻抽出エキスは、市販されて広く使われている。こうした物質がとれるため、紅藻類と褐藻類は、現代の巨大な加工食品市場にはなくてはならない存在となっている。食品を固めたり乳化したりする加工にフィココロイドを利用するからだ。海藻を商業用のゲル化剤として利用するというアイデアは、19世紀初頭にはジョセフ・バンクス卿［イギリスの博物学者、植物学者で王立協会会長を務めた］が見いだしており、新しいものではない。だがその当時は、今ほどさかんに利用されるとはだれも思わなかった。(7)

ゲル化剤は陸の植物からも生成できる。果実から抽出するペクチンや豆類のグアーガム［マメ科植物のグアーから抽出するゴム］はよく知られている。だが、好まれるのは海藻のフィココロイドだ。陸上で育つ植物はしっかりとした構造をもつが、海中で波や海流にもまれて生育する海藻類はそれより柔軟な構造だ。そうした独特の細胞構造であるため、陸上の植物よりもフィココロイドを抽出しやすいのだ。(8)

フィココロイドには味がない。その利用価値は、市販の食品の粘度や舌ざわり、見栄えを調整できる性質にある。加工食品中の固体と液体が分離して形が崩れるのを防ぐうえ、理想の「食感」を生むのにも使用されている。市販のパンやケーキにもっちりとした食感を増してほどよい「噛みごたえ」を出し、低脂肪の食品を濃く、豊かな味わいにし、ソースやサラダのドレッシングに「なめらかさ」を与え、ソーセージなど加工肉食品のジューシーさを増す。さらに、食品の見た目をよくし、保存しても形は崩れづらく、賞味期限が延びる。スライスしやすく、変色しづらくなり、ワインの透明度が増し、ビールの泡立ちもよくなる。[9]

海藻から抽出したフィコロイドに対しては、たとえば食品のパッケージに「アガー」や「カラギーナン」［どちらも海藻を原料としたゲル化剤］として明記されている場合もあれば、「安定剤」［液体と固体を均一に混ざった状態にするもの］、「乳化剤」などと機能をまとめた総称で表示され、海藻由来のものであることが明確に書かれていないこともあるし、まったく触れられていないものもある。

製造元により異なりはするが、数えきれないほどの加工食品にフィコロイドが使われている。このためたいていの人は、それとは気づかずに1日にいくどかは海藻を口にしているのだ。冷蔵ショーケースに並ぶレバーソーセージやカモとオレンジのテリーヌ。果汁入りのゼリービーンズ、冷凍チーズケーキ、ディープディッシュ・タイプのピザ［深皿で焼いた厚いピザ］、クリスマス用の市販のエッグノッグ［牛乳やクリーム、砂糖、卵で作る甘い飲み物］、アイスクリームやプリン、でき合いのラザーニャ、ビン入りのサラダ用ドレッシングやチョコレートミルク。まだある。冷蔵のパスタ用クリームソース、カートン入りのクリーミーなコールスローソースや市販のスープ、ハンバーガー用の白身魚のフライや加工肉のパテ。缶入りのハムやランチョンミート（スパム）、フルーツヨーグルトやムース、肉汁たっぷりのフランクフルトやしっとりしたチキンナゲット、どこにでもあるごく一般的なケチャップ。

◉海藻はスーパーフード

ここに挙げたでき合いの食品はたしかにおいしいが、その多くは高脂肪だが栄養価は低く、また食物繊維が少ない。そして、こうした食品の摂りすぎは健康に悪いという認識が高まっている。つまりフィコロイドとしての海藻は、非常にすぐれた機能性食品を、栄養価のない食品に利用した最たる例なのだ。

「機能性食品」とは１９８０年代に登場した新しい言葉ではあるが、歴史上多くの時代において世界各地にこの種の考え方が存在し、そこから生まれたものだ。つまり、一定量を摂ると、心身の健康によい影響をもたらす食べ物があるという考え方だ。ギリシア人医師のヒポクラテスも、すでに紀元前4世紀にこう述べている。「食を汝（なんじ）の薬とせん、薬を汝の食とせん」

こうした考え方は、もっぱら伝説や経験の共有によって伝えられてきた。しかし19世紀初頭にビタミンが発見され、その後、栄養科学が発達すると、栄養素が5つに分類されるようになった――タンパク質、炭水化物、脂肪、ミネラル、ビタミンだ。そして、特定の食物を摂取すると、一定の身体状態や最高・最善の健康（オプティマルヘルス）が得られるという関係があることがわかり、あるいは少なくともその関連性が示された。本来、「機能性食品」とは、ありのままの食物を通常の食事の一部として摂ることに対して使う用語である。だがしだいに一部の人々にとっては、通常の食事にくわえ、「ビタミン強化」というように一定の栄養を強化した食物や、カプセルや液体、乾燥状態や粉末で摂取するサプリメントを意味するようになった。しかしそうではあっても、海藻は理想的な機能性食品として注目され、沿岸地域では大昔から海藻「療法」が存在してきた。

　種類によって差があり、同じ種類でも育った地域や採集時期、また調理法によっても違いはあるが、海藻は一般に非常に栄養豊富で、陸上植物の10倍ものミネラル分を含む[10]。カルシウムは牛乳の10倍、鉄分は赤身肉の8倍も含み、タンパク質は卵や小麦、豆より豊富だともいわれている[11]。さらに海藻には、栄養上の役割はあまりないが、二次物質といわれる、抗酸化および高脂血症［血液中のコレステロールや中性脂肪が多い症状］抑制物質であるフィトケミカルが豊富だ[12]。疫学調査では、これが冠動脈性心疾患や心臓発作、ガンにかかる危険を減らす可能性もあるとされている[13]。

　海藻には、ビタミンA、ビタミンB群（B_1、B_2、B_3、B_6、B_{12}および葉酸）、ビタミンC、ビタミンEが豊富で、ヨウ素、カルシウム、リン、マグネシウム、ナトリウム、カリウム、鉄、塩素といったミネラル分、またマンガン、銅、亜鉛、セレン、クロム、モリブデンなどの微量元素も含まれる[14]。これらは、体内での酸素貯蔵、甲状腺ホルモンの生成、酵素の形成、エネルギー生成、免疫およびインスリン機能の補佐など、健康維持において重要な、さまざまな役割を果たすものだ。

　海藻には生命維持に重要なタンパク質が大量に含まれている。タンパク質は、筋肉、皮膚、毛髪、骨その他さまざまな身体の基本的構成要素である。赤身肉のタンパク質は飽和脂肪酸［エネルギー源となるが、動物性のものは摂りすぎると中性脂肪やコレステロールを増加させやすいともいわれている］が多く、心臓血管の疾患をわずらう危険がある。家禽［家畜として飼育される鳥。ニワトリなど］や魚のタンパク質も、赤身肉よりは少量だが脂肪を含む。だが海藻のタンパク質には脂肪分が含まれず、「心臓によい」理想の食品といわれるようになったのもこのためだ。タンパク質は、さや豆や大豆など陸上植物からも摂取できるが、タンパク質を含む植物の栽培は環境に大きな負荷をかけ、また植物性タンパク質には炭水化物を多く含むものもある。海藻も炭水化物を含みはするが、これは人間の体内では消化されずに排出される。このため海藻を食べても余分に炭水化物を摂取することにはならず、炭水化物を摂りたくない人にも適した食品といえる(1)。

海藻はさまざまなダイエット用食品にも利用されている。これは、海藻には天然の食欲抑制効果があり、人体の代謝を上げるという説に基づいている。そのうえ、海藻は食物繊維が非常に豊富で、消化を助ける。今日では当たり前となっているが、当時は斬新だったさまざまな食習慣を作り出したジョン・ハーヴェイ・ケロッグ博士（コーンフレークの開発者）は、19世紀末に、自身が運営する有名なバトルクリーク・サナトリウム［博士独自の療法の実践や、健康食や健康器具の開発、販売を行なった］の食事に日本産海藻を出していた。規則正しい排便と、体内の浄化を目的とするものだった(16)。

海藻がスーパーフードであることは疑いのない事実だ。だが海藻がもつ栄養価と健康への利点は、大量消費市場に出回る加工食品中のフィココロイドにも同じようにあるわけではない。つまり、現代において世界（欧米社会と、その他の欧米化しつつある社会）でもっとも健康的といえる食物が、大量消費市場では多くがその性質を生かされず、健康的ではない食品の調理に利用されているにすぎないという皮肉な状況にあるのだ。

◉海藻を食べる地域と食べない地域

海藻は、栄養面で人に有益な点が非常に多い。栄養不足の人々には低栄養の食事を低価格で補うものとなるし、デンプンや脂肪分、糖分を摂りすぎ、もっと健康的な食品を求めている人々にもぴったりだ。海藻の消費拡大は地球の環境にもよいことだ。陸上植物の栽培や動物の飼育による環境への負荷を減らすからだ。こうした考えは最近になってはじまったものではない。第一次世界大戦中の１９１７年、アメリカ合衆国食品局が、陸上で生産される食物の消費を抑えて、もっと魚を食べようと呼びかけるポスターを制作した。魚がなによりいちばんの餌とするのは海藻だ。そして１００年後の今、魚は乱獲され、農業や酪農は陸地にさらに負荷をかけている。こうした状況では、第一次世界大戦中のポスターよりも切迫した、直接的なメッセージを発するべきだ。魚ではなく、海藻を食べるべきだと。

海藻が、現在、これまでのどの時代よりも広く利用されているのはたしかだ。海岸や海中で採集する天然の海藻のほか、海藻は世界中で海中養殖されている。これには、海底に杭を立て、それにプラスティックの糸を張って海藻を養殖する「モノライン方式」や、長いロープに浮きをつけて海

「陸地の産物を節約しよう」アメリカ合衆国食品局のポスター（1917年）

海藻の養殖場。一般的なモノライン方式。これはキリンサイ属の海藻で、フィココロイドを採取するためのもの。

面に浮かせ、それに海藻をかけて養殖する「ロングライン方式」、また「養殖筏（いかだ）」や、「養殖網」を利用したものなどがある。

食物が健康に寄与することはもちろん大事だが、食べたことのない食物を口にしたときの驚きや、その風味や食感、それを材料とした料理を味わい楽しむことは、それに劣らず重要だ。世界の多くの地域ではおもに陸上の産物を食べ、その歴史も長いため、人間が海藻を食べてきた歴史や、海藻をさまざまな料理でおいしく食べられることはあまり知られていない。

海藻はさまざまに応用のきく食物だ。生で海藻のみを食べてもよいし、ほかの食品と一緒に食べてもよい。焼いてもゆでても、蒸してもよいし、こんがり焼いても、ゼリー状にしても、揚げてもよい。スモークもローストも可能だ。粉末にしたり、酢漬けや塩漬け、またオイルに漬けて保存したり、醗酵させることもできる。挽いて小麦粉のようにしたり、きざんだり、裂いたりもする。風味を増すために数年かけて熟成させることもある。エキスを抽出したり、海藻酒にしたりもする。紅藻、褐藻、緑藻類はそれぞれ独特の風味をもち、さまざまな料理に利用される。一部の紅藻は乾燥すると硫黄のようなにおいを放ち、花や紅茶のような香りとヨウ素の風味がはっきりと感じられる。一方の褐藻はヨウ素の風味がもっとおだやかで、干し草のようなスパイシーな香りがあり、渋味がある。[17] 海藻には非常に香りや味が強いものがある一方で、味や香りがし、一緒に調理する食材の味がうつるものもある。

海藻は、大半の地域では1年を通して食べられるが、旬とされる時期もある。収穫後に乾燥させた海藻は非常に長期の保存が可能で、軽く、運搬も容易だ。乾燥させた海藻は水につけるとすぐに元にもどる。アジアその他の地域ではこれを利用し、もどした海藻や生の海藻を使った独特のスープが生まれている。海藻は「うまみ」、つまりグルタミンを含む。甘味、塩味、苦味、酸味にくわえ、いわゆる「第5の味」である「うまみ」は、和食に欠かせない基本の味だといわれることが多い。だが今日では世界中でこの味が認められており、最近では「新北欧料理」にも使われている。[18]「うまみ」(日本語で「おいしさ」を意味する)自体にはあまり味は感じられないが、調理する食物に風味を与え、舌を満足させ、ボリューム感を出し、食材のおいしさをひきだすのだ。

現在、世界は、海藻を食べるアジアと、食べない欧米とに大別できる。欧米では海藻は珍味であり、アジアの食習慣につきあうときのみ口にする新しい食物だ。ヨーロッパや北米の人々に「海藻類を食べますか」と聞いてみると、たいていはこんな答えが返ってくる。「食べないよ。どうしてあんなものを食べなきゃいけないんだ」「海岸に打ち上げられた海草なんて、食べ物じゃないよ」「飢饉のときに貧しい人たちが食べるものだろう」「戦時中の食料不足の時代には食べたのだろうが、いまどき好きこのんで食べる人なんかいない」「海藻なんてどうでもいいよ。なくても困りはしない」「地球の反対側では食べているかもしれないが、こちら側で食べることは、今もこれからもないね」

本書では、アジアだけでなく欧米諸国でも、海藻が大昔から人間の発展に大きな役割を果たしてきたこと、そして今、海藻の歴史と海藻料理が世界的に注目を集めようとしていることを解説していく。陸地の「緑」から海の「青」へと目を向ければ、学ぶべきことは多い。また、大きな楽しみでもある。

第1章◉大昔——歴史に埋もれた海藻

少なくとも5億年以上も前から存在する海藻は、人類よりもずっと古い歴史をもつ生物であり、人類にとって最古の食料であるのはたしかだ。だが、人類の起源とその食の歴史をたどるとき、海藻は歴史の表舞台に登場することはごく近年までなく、言わば「隠れて見えない存在」だった。(1)

◉先史時代の海藻

初期の人類は野や山を越えいく度も移動を繰り返し、狩った動物や、野生植物の種子やナッツ類、草木の根や実を採集して食べていたと長く考えられてきた。そしてこうした狩猟採集民が野や山で集めた食料が、「パレオダイエット（原始人食）」といわれるようになった。だがヒトの社会が発達して定住生活による農業や畜産がはじまると、パレオダイエットは現代の食事の原型といえるものへと変わっていった。(2) ところで、大昔のヒトの移動はすべて内陸部でのことと考えられてきた。海

資源が豊富な海岸。移住するには理想の環境だ。

は通過を阻む障壁であり、陸地の辺境でしかない海岸部は、この移動モデルではルートとして考慮されてこなかったのだ。もちろん、海藻に目が向けられることもなかった。

そして新世界［15世紀半ばから17世紀半ばまでの大航海時代にヨーロッパ人が新たに発見した土地で、南北アメリカを指すことが多い］に住む先住民も、このように内陸部を移動して他の地域からやってきたのだと考えられてきた。アジアと北アメリカをつなぐベーリング陸橋（ベーリンジア）［氷河期に北アメリカ大陸のアラスカとユーラシア大陸のシベリアのあいだに存在した地峡］を最初に渡った人々が、その後アメリカ大陸の中央部を移動して広がり、定住したという説だ。そしてクローヴィス文化をもつ人々が、「アメリカ大陸最初の住人」とされた。クローヴィスとは狩猟に使う特徴的な石の槍と矢じりからついた名で、こうした道具はアメリカ大陸内陸部の1万3500

年ほど前の遺跡で発見されている。

その後1970年代に、チリ南部の、現代では海岸に近いモンテ＝ヴェルデで、考古学者が古代の住居遺跡を発見した。そこには小さな藻にくわえ、数種類の海藻が大量に残っていた。調理用の区域にあったもの以外にも、他の植物と混ざり、ヒトの噛みあとが残る海藻も見つかり、医療用に使われたことがうかがえた。時代を検証すると、こうした遺物はクローヴィス文化のものよりも古いことが判明した。これは、「南アメリカ大陸の初期の住人は太平洋沿岸部に住み、また南北アメリカ大陸に初期に住んだ人々にとっては、食事と健康維持のために海藻が重要な存在だった」ことを示唆するものだった[3]。モンテ＝ヴェルデの遺跡発見後、ペルー沿岸部その他の地域でも大昔に海藻を使用していた証拠が見つかっている。

この発見は初期の人類の食物や移動に関する定説をくつがえすことになるため、大きな論争を呼んだ。さらにこの遺跡の発見もふまえて、ヒトは「内陸部ではなく」太平洋岸を移動したという新たな説がいくつか生まれ、海藻のケルプに着目した「ケルプ・ハイウェー仮説」も登場した。つまり、日本からアラスカ、さらにはカナダとアメリカ北西岸、バハ・カリフォルニア「メキシコ最北の州」へとつながる、北太平洋に伸びる広大なケルプの森によって沿岸に豊かな生態系（エコシステム）が生まれ、これから得られる食資源のおかげで人々は新世界へと移動し、また定住後はケルプの森がその食を支えたという仮説だ[4]。

多くの場合、沿岸部の移動は内陸部よりも容易で安全でもあり、食料も十分だったのだろう。その後、移動は徒歩にくわえ、丸木舟や縫合船〔縄やひもで板材を縫い合わせて船体を造った船〕でも行なわれるようになった。ここまでくれば、動物や植物を求めて平原や山々を移動するだけではなく、沿岸部を移動して海藻や貝類、魚、その他の食物を採集し食べていたことは明らかだ。つまり、内陸部と沿岸部というふたつの移動ルートがあり、「パレオダイエット」も2種類があったのだ。ひとつは陸地で採れる食物。そしてもうひとつは、海藻を中心とした海の食物だ。

あとから考えれば、初期の考古学や進化理論において、なぜ海藻が見過ごされていたかは容易に見当がつく。内陸部移動説ではそもそも沿岸部を考慮していなかったという事実にくわえ、海の水位が変化し、一部沿岸地域は現在の沿岸部から遠く離れていたり、多くは現在海のなかにあったりするからだ。動物や植物、貝類や魚とは違い、海藻が見つかる遺跡はモンテ＝ヴェルデ以外では少ない。モンテ＝ヴェルデは、海藻の保存に向いた数少ない土壌や気候だったのだ。

とはいえ現在では科学も進歩している。アイソトープ分析〔放射線をあて、調べるものがもつ元素を分析する〕や分子考古学〔遺物の分子を分析して、進化や拡散の過程を追う考古学〕の分野はとくにそれが目覚ましく、これまでの定説にとらわれずあらゆる時代を対象に、土器に残っていた骨や歯、食物の遺物を分析して、海藻を食べていた痕跡がないか検証が進められている。考古学者は一般に、カキやハマグリその他の貝の殻が大量に堆積している場所で、海藻を使った痕跡を探そうとしている。貝と海藻は生育環境が近いからだ。

ホタテの貝殻に盛り付けた海藻サラダ

◉縄文時代の海藻

モンテ＝ヴェルデとは太平洋をはさんで反対側に位置する日本では、残留物分析により、先史時代の海藻が別の面で歴史を書き換えることになった。そもそも土器は定住化した農耕コミュニティで発展し、発明されたのは農耕文明のはじまりの地ともいわれるメソポタミア（現在のイラク）であり、紀元前6000年頃だというのが長く定説となっていた。現在判明している日本最古の住人は、謎の多い縄文人だ。彼らの狩猟採集文化は、紀元前1万3000年前後から紀元前300年頃まで続いた。日本は、北太平洋に長々と続くケルプ・ハイウェーの東端に位置し、縄文人は豊かな海の恵みを得ていた。縄文人は沿岸部を行き来して海藻やその他の食物を採集し、海に入って魚や貝を獲り、それを土器に入れて煮炊きし、ひとつの鍋で調理する「鍋物」の原型ともいえる料理を作った。「鍋物」は何千年ものちの現代でも、日本ではよく食べられている料理だ。[5]

こうした縄文土器は縄文時代後期のものだと考えられていたが、海藻など土器の残留物の分析から、実は1万2700年ほど前のものだと判明した。この発見は、モンテ＝ヴェルデ同様大きな論争を呼んだ。縄文土器が、当時判明していたなかでは最古の土器となったばかりか、最初に土器を作り出したのがメソポタミアではなくアジアだったことになるからだ。またこの発見は沿岸部移動説を支えるものでもあり、土器が発明され使われたのは、定住生活や農業の時代ではないこと、また海産物は農業に劣らず人々の食を十分に支え、健康維持にも寄与したことを証明するものでもあった。そして日本においては太古の時代から海藻が食の中心にあったことを立証したのだ。

最終的には、モンテ＝ヴェルデと縄文時代の発見物は、新世界と日本についてどころか、人類の過去と、人類と海や海藻との関係に関する考古学上の定説を変えた。発見が相次ぎ、南北アメリカへの定住の多くは内陸部のルートにくわえ沿岸部も経由して行なわれたことが明らかになると、その最初期の頃から、海藻は人間の基本的食料のひとつだったことも判明した。ケルプ・ハイウェーは南北に、また太平洋だけでなく大西洋にも存在した。そして温かな海域では、ケルプ以外の海藻も生活を支えた。人類の移動期が終わると、沿岸部は陸地の「へんぴな先端部」などではなく、大西洋地域にもアジア太平洋地域にとっても、交易と発展の中心地となっていた。[6]

現在、考古学者も歴史家もその他の多くの人々も、内陸部や、陸地とその産物だけではなく、外に広がる海へと目を向けはじめている。海が障壁ではなく、ハイウェーであり移動のルートであって、海藻は人類の食料の要であったことが理解されつつあるのだ。

●メソポタミアとクレタの海藻

海藻らしきものについて言及した最古の記録は、世界最古の叙事詩ともいわれる「ギルガメシュ叙事詩」だ。メソポタミアのウル第3王朝期［一般に紀元前2112年頃から紀元前2004年頃まで続いたとされる、メソポタミアを支配したシュメール人の統一王朝］に書かれたとされるこの叙事詩は、ギルガメシュの冒険の旅をたたえるものだ。

半神半人の王であり英雄でもあるギルガメシュは親友エンキドゥの死を嘆き、不死の秘密を追い求めて、メソポタミア中心部からはるか遠くへと旅する。そして賢者のウトナピシュティムがギルガメシュに海の底に潜るよう告げ、海に潜ったギルガメシュは、それを食べると若返るという刺(とげ)のある植物を見つけるのだ。足に石の重りをつけたギルガメシュはやすやすと海底まで潜り、その植物を見つけると海岸に戻った。ギルガメシュは採ってきた植物を老人たちに食べさせて若返らせ、また自分も食べようと思う。だが海から出て体を洗っているうちに、ヘビがその植物を盗み、食べてしまった。以来、ヘビは脱皮して新たな皮をまとうことができるようになったが、その植物を食べることができなかった人間は脱皮できず、年老いて死ぬ運命を逃れられない。

ここに登場する魔法のような若返りの力をもつ植物は、海藻だった可能性がある。また、足に石の重りをつけて海底まで降りる潜水法は、少し前のアラビア湾の真珠採りたちの潜り方と同じである（アラビア湾はギルガメシュが潜ったといわれている海だ）。とはいえ、古い記述にはたびたび刺のことが出てくるが、海藻に刺はないため、この植物を海藻だと特定することはできない。

これより西では、古代地中海地域に、非常に美しい、これ以上のものはないほどの記録がある。青銅器時代のクレタ島で栄えたミノア文明（クレタ文明。紀元前30世紀〜紀元前15世紀）に、文書ではないものの、海藻を描いた美術品が残っているのだ。ここに残る芸術作品を詳細に見ると、ミノア文明では海とそこに棲むものに深い愛情を抱いていたことがわかる。写実的に描かれた魚や貝、甲殻類、タコ、イカ、サンゴ、ヒトデ、海綿などが花瓶や壺をあふれんばかりに覆い、それらをゆらめく海藻がかこんでいる。海に浮き、岩に付着している大小の海藻も確認できる。ミノア文明では海の生物を食事に多く取り入れており、証明されてはいないものの、海藻もなんらかの形で食べていたはずだ――今日のクレタ島にもおいしい海藻のサラダがあるように。そして、美術品に描いたものを彼らが文章でも表現していたとすれば、海と海藻をたたえるミノア文学が豊富にあったはずだ。しかしミノア文明の文字言語についてわかっていることはあまりない。遺物がほとんどないためだが、断片的に翻訳されているものもおもに行政上の記録であって、叙述的描写や詩は残っていないのである。

「ギルガメシュと不死の海藻」（ネイル・ダルリンプル作。磁器彫刻。2006年）

ミノア文明の海洋文様式の土器。タコと海にゆらぐ海藻が描かれている。紀元前15世紀。

●ギリシア人とローマ人が恐れた海藻

ミノア文明を除けば、有史時代には、西欧社会は一般に海藻にはあまり目を向けてこなかった。西欧文明の起源ともいえるギリシア人とローマ人がそうだったことが大きな原因だ。ギリシアとローマは地中海沿岸に位置し、ギリシアの哲学者プラトンは、ギリシア人を「池のまわりのカエル」と評した。それにもかかわらず本来は両者とも陸地を重視する社会であり、海を信頼せず、疑念の目を向けていた。内海である地中海の海藻は外洋のものほど青々と茂ってはおらず、東に行くほど貧弱になる。

とはいえ、地中海にはギリシア人とローマ人が嫌悪し恐れを抱くのに十分なほどの海藻があった。彼らにとって海とは、いったん出たら戻ることのできない場所であり、海藻は海がもたらす脅威を象徴するものだったのだ。ギリシア神話の海の神ポントス（オリンポスの神々より時代が古い）は、嵐を起こし、船を難破させ、人を海にひきずりこんだ。海の神ポントスと海の女神タラッサは海藻の髪をもち、それで水夫をとらえて溺死させたのだ。

同様に、のちの時代の海の神ポセイドン（ギリシア神話）とネプチューン（ローマ神話）も水夫をからめとる髪をもち、海鳴りの音は、海藻にからまれ命を落とした者たちのため息だと信じられていた。ギリシア人と同じくローマ共和国の詩人たちは、海がもつ信頼できない恐ろしい一面を強調し、当時の文学作品には溺死した者たちを悼む作品があふれている。[7]

古代の海の神ポントス。髪は海藻だ。

海の精ネレイスたちも、水夫を誘惑し死にいたらせた。海藻でできた服と海藻の冠を身に着けたネレイスは、ときには水夫を助けることもあるが、多くの場合、海中の洞窟へと誘い込み命を奪った。現代でも、詩人はこうしたイメージを抱いている。T・S・エリオット［イギリスの詩人、劇作家、批評家。1948年にノーベル文学賞を受賞］の詩、「J・アルフレッド・プルフロックの恋歌」にもこうある。

赤や茶色の海藻にくるまった海の乙女のお伴して、
わたしたちは海の部屋にずいぶん長居して、
やっと人声に眼が醒めるかと思ったら、わたしたちは溺れてゆく。
［『エリオット全集』第1巻　深瀬基寛他訳／中央公論社／1991年］

浅瀬でゆらめきながら、海藻は自分に気づかない人々をとらえようと待ちかまえている。ストラスブール・パピルス［ストラスブール大学所蔵の、ギリシア語が書かれたパピルスの断片。イエスの言葉を記した4〜5世紀頃のものとされる］に書かれた、友人に裏切られた男の気持ちをうたった詩にもこうした描写は出てくる。男は恨みがましく、その友人が海辺で災難に見舞われればいいのにと思う。海藻にからまり、逃れられずに苦しむことを願うのだ。トラキア［地中海東部に突出するバルカン半島南東部の古代および現代の地域名］の海辺での話だ。

凍るような寒さのなか、泡のなかから現れる
海藻の束がまとわりつき
あの男は歯をガチガチとふるわせながら、顔を伏せて犬のように横たわる
弱々しく体を横たえ
砕け散る波の刃に倒され、波に打たれるままになる

ギリシア人にとって海岸とは、不吉で避けるべき場所だった。そこは、海辺に海藻で建てた小屋に住む、真っ黒に日焼けし、ほとんど人間扱いされないような漁師の居場所でしかなかった。[8] 海辺に打ち上げられた海藻にさえ、人々は恐れおののいた。ホメロスの『イーリアス』[ホメロスは紀元前8世紀頃の詩人。「イーリアス」はホメロスによる長編叙事詩]第9巻にあるとおりだ。夜の大嵐で高波が打ち寄せ、からみ合った海藻が大量に打ち上げられると、アカイア人たちはパニックに陥りトロイアに完敗してしまう[アカイア人は古代ギリシアの一種族。トロイアは現在のトルコ北西部にあったとされる古代都市]。

海藻にからみつかれることへの恐怖が高じて、地中海の向こうにある海藻だらけの海、サルガッソ海（藻海）にまつわる噂も生まれた。大西洋のなかほどに渦をまく謎の海があり、ここにとらわれた船や水夫は逃れることはできないと何百年も信じられていたのだ。１４９２年に、クリストファー・コロンブスは新世界を目指して初めて大西洋を渡った。この航海には35日を要したが、そ

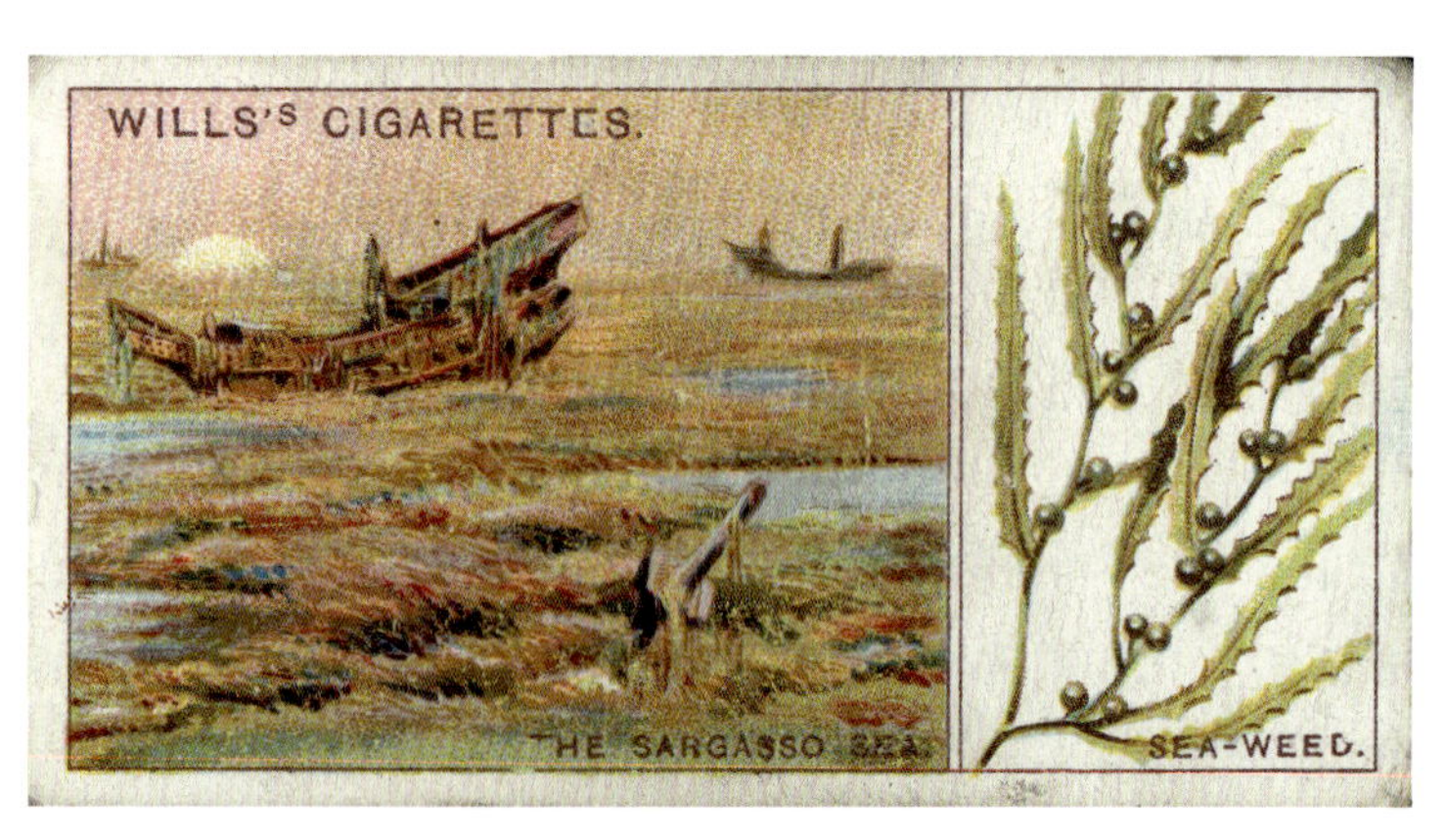

サルガッソ海は船の墓場として恐れられていた。ウィルズ社のタバコカード、20世紀初頭。

のうち23日はサルガッソ海に費やされた。ここでは海にびっしりと浮く海藻が船を取りかこみ、水夫たちをおびえさせた。海はまるで牧草地のようだったという。

ギリシア、ローマ人にとって海に近づくことは神々にたてつくことであり、海に出るのはやむにやまれぬ場合のみだった。人がいるべき最適な場所とは陸地であり、人と動物を区別するものは農業や畜産、つまり文明によって自然をてなづけることだった。ギリシア人とローマ人がなにより価値をおくのは、土地を耕し動物を飼育して得た産物であり、穀物や牛やワインだったのだ。今日ではぜいたく品である天然の農水産物は貧しい人々しか口にしないものとされ、人の目に触れず、人の力がおよばない海のなかで採れる海藻は、とりわけ野蛮な食べ物とされた。

ユウェナリス［古代ローマ時代、2世紀半ばに活躍した風刺詩人］の「風刺詩集」では、ばかげたものを意味するのに「海藻を見張る人々」という表現が使われている。つまらないものに時間を浪費する人――というわけだ。また古代ローマの

危険な荒れた海の象徴として描かれた海藻。フェリックス・ブラックモン作「海 La Mer」。19世紀末または20世紀初頭。

詩人ウェルギリウスの「海藻ほど不潔なものはない」という言葉は、ギリシア人とローマ人の思いを代弁したものだ。

●博物学者テオプラトス

古代ギリシアとローマの博物学者や医師たちがまず注目していたのは、陸地の植物とこれを用いた療法だった。だが、海藻には薬その他の用途があると理解している者もわずかではあるが存在し、現代まで残る古代ギリシアの医学書にはごく一部ながらそう記されたものもある。古代ローマの博物学者である大プリニウスは、その著書「博物誌」において、海藻を貼ると痛風や足首の腫れに効くと書いており、紀元前2世紀頃のギリシアの詩人ニカンドロスは、ヘビに噛まれたら海藻で手当てすると記した。ただし、こうした治療法の詳細は確認できない。当時の海藻に関する記述はほとんど残っていないからだ。

例外的にめずらしいのが、テオプラストスである。アリストテレスと同時代の哲学者、博物学者、植物学者であるテオプラストスは、大西洋の深海に広大な海藻の森があり、ヘラクレスの柱（ヨーロッパ大陸とアフリカ大陸を隔てるジブラルタル海峡の入り口にある岬）付近には「巨大な」シュガーケルプが繁殖していると書いている。また、ミノア文明の花瓶に描かれたものに似た海藻の描写もしている。いわく――カキの殻に生え、フェンネル［セリ科の多年草で、葉や種子をハーブやスパイスに使う］の葉のようにふわふわとした海藻や、髪の毛のような葉をもつもの。人の腰ほどの

高さにもなる毛むくじゃらの「シーリーキ」や、モミの木やツル草、手のひらのような海藻もある。(9)

海藻の利用法についてテオプラストスは、クレタ島では海藻から染料を作り、有名な「貝紫色（かいむらさきいろ）」［貝紫は、巻貝の一種の分泌液からとった紫の染料。紀元前10世紀頃地中海沿岸で開発された技術で、非常に高価なため帝王紫（ていおうむらさき）ともいう］よりも美しい色ができると書いているが、食物としての海藻については何も書き残していない。2世紀頃活躍したギリシアの作家、文法家で、古代の食について貴重な資料を残したアテナイオスは、一度だけ海藻に触れている。だがそれは魚の餌や隠れ場となるものとしてであり、人が食べるものとはされていない。

このように、古代ギリシア、ローマ時代の海藻を使ったレシピや治療法の詳細は見つからず、そして西欧文明の本流には、海藻を食べることを見下す風潮だけは残っている。また詩や芸術作品には海藻が使われ続けたが、それは海がもたらす死や危険や荒廃を象徴するものだったのである。

◉アラブの医療と戦争における海藻

イスラム教成立以前の時代からアラブ人は航海や貿易をさかんに行なった。アラビア海を航行しては極東までおもむき、9世紀初頭にはインド洋から大西洋にいたる海を支配していた。アラブ人水夫たちは、波や海流、海の生物をよく観察するよう教えられていたので、海藻にもさまざまな種類があることを知っており、航行には海藻も利用していた。海藻が風向きや潮、水深や海底の状況を教えてくれることを理解していたのだ。アラブ人の船乗りたちは、旅の途中で家畜に海藻を食べさせる人々を見たことを報告している。

イスラム教の聖典コーランは海藻を食べることを禁じてはいないものの、アラブ人自身は海藻を食べず、医療に海藻を活用した。一部のアラブ人医師は、古代ギリシア人が海藻と真水に生育する藻類について記録を残していることを知ってはいたが、アラブ人は独自の活用法を生み出し、海藻と藻類をギリシア人よりもはるかに多用した。そして医者や薬を調合する人々はさまざまな海藻がもつ成分を把握して、痛みを軽くし熱を下げ、肝硬変やガン、腎臓病、脾腫（ひしゅ）［脾臓（ひぞう）がはれて増大した症状］、黄疸（おうだん）、関節炎、痔、皮膚病や血栓（けっせん）その他の症状を治療する処方を行なった。[10]

アラブ人はアガー［海藻を原料としたゲル化剤］にもくわしく、ギリシア人とは違って、その作り方を詳細に書き残している。そのなかに、海藻をゆでて乾燥させ、オイルと混ぜるというものがある。このアガーオイルは関節炎やリュウマチ、皮膚病、筋肉のけいれんの治療に使われ、これを未熟のブドウ果汁と混ぜたものは、便秘や、目、耳、鼻、のどの病気の薬とされた。

アラブ人が、海藻を戦争にまで利用していたことには驚かされる。7世紀、地中海東部の覇権をめぐるギリシアとアラブ間の戦争で、ギリシア人は恐ろしい「ギリシア火薬」を使った。「ギリシア火薬」とは発火性のある液体で、これをアラブ人の船にふりかけ火をつけると、海上であろうと船は激しく燃えさかった。ギリシア人はこの火薬でアラブの船団を難なく打ち破ったのだ。

ところが、伝説ではアレクサンドリアの船大工の棟梁であるアブド・アッラフマーンという人物が、船を火から守る方法を編み出したとされている。アレクサンドリアの沿岸部に豊富なホンダワ

「ギリシア火薬」を使用する場面。極彩色写本「マドリード・スキュリツェス Madrid Skylitzes」より。12世紀。

ラ科の褐藻（学名 *Cystoseira barbata*）からアルギン酸を抽出し、船に塗ったのだ。アルギン酸は天然の防火剤であり、これを塗ったアラブの船はギリシア火薬に焼きつくされるのを免れたという(11)。今日でも、アルギン酸でコーティングした繊維が消防士の防火服に使われている。

◉海藻とタラソテラピー（海洋療法）

古代以降何世紀にもわたりギリシアとローマでは海藻が軽んじられてきたというのに、海藻を利用した療法が開発され、それにギリシア語の名がついて広められたのは皮肉な話だ。ローマ人のあいだでは、真水やミネラル分を含む水につかって健康や美の増進をはかることが大流行したが、海水はそれほど人気がなかった。海水は腐敗するし、効果があるのはハンセン病や潰瘍や湿疹などの皮膚病、また治りが悪い傷や痛みくらいだと考えられていたからだ。紀元1世紀、ローマ帝国第2代皇帝ティベリウスはひどい皮膚病をわずらったため、カプリ島［イタリア南部、ナポリ湾の沖合にある島］に移って、別荘が建つ崖の下の海岸で定期的に海水浴をしたという。ここは今も「ティベリウス帝の浴場」として有名であり、塩分濃度が高くて冷たい水は心地よく、自然の海流はジェット水流によるマッサージのような効果がある。

海水浴療法は、18世紀のヨーロッパで復活した。都市化と産業化により環境汚染が進んだことで人々の健康状態が低下し、海辺へと出かけることが流行したのだ。かつては見下されていた自然の海は、きれいで生命力があるともてはやされ、海藻をはじめ海に存在するものは、産業化で生じた汚染と対極にあるものと見られるようになった。イギリスでは、リチャード・ラッセル医師がはじめた海水浴療法が大流行した。ラッセル医師は海水の医療効果を説き、イングランド南東部のブライトンでこれを実践した人物で、「海は人間のあらゆる悪を洗い流してくれる」というエウリピデス［古代ギリシアの劇作家］の言葉をモットーとしていた。ラッセルはこう述べている。

私たちが海と呼ぶ厖大な水の集まりでは……その広大な海の中にある海底の植物や塩分、魚、ミネラル分など、あらゆるものが海の水でしきりに洗われ、それを取り込んだ海は非常に栄養豊かだ。こうした栄養分は、口からよりも、皮膚の毛穴から取り込んだほうが効果は高い(12)。

皮膚は人間がもつ最大の器官であり、皮膚全面で海藻がもつビタミンやミネラル、アミノ酸を効率的に吸収できる、というのがこの海水浴療法の土台となる理論だった。海藻自体がその表面から海の栄養分を吸収しており、人間も同じことが可能なのか証明されてはいなかったが、熱心な人々はこの効果を信じて疑わなかった。さらに、こうした人々はこの療法は皮膚（スキン）から海藻を食べるようなものだと考え、「スキンフード」という言葉も使われるようになった。

この療法の信頼度を増すために、推奨者たちは「古代の治療法」をうたい文句とした。ガレノスやヒポクラテスといった古代の医学者の名を引き合いに出し、この療法を、ギリシア語で海を意味する「タラッサ（thalassa）」から「タラソテラピー」と呼ぶようになった（古代の海の女神も同じ名（タラッサ）をもつという恐れ多い事実は知らなかったのだろう）。このようにしてブライトンの療養所では患者たちが新鮮な海藻で皮膚をこすってもらうようになったが、海峡をはさんだフランスの大西洋岸では、これ以外にもさまざまな療法が行なわれた。

フランスのブルターニュ地方沿岸部は、土地はやせているものの海には海藻が豊富だ。この地方の海岸は、ノルウェーからポルトガルにいたるケルプの森に近い。ブルターニュの海岸に茂る褐藻、ケルプ（学名 *Laminaria*）は、土に与える肥料として長く利用されており、これ以外にも多数の海藻類（地元ではゴエモン［goémon］と呼ぶ）が沿岸で生育する。ゴエモンの採集は、ポール・ゴーギャンやアルフレッド・ギユーといった画家が、荒れた海や岩だらけの海岸を背景に好んで描いた題材だ。ブルターニュ地方はこの地で獲れる魚介類でも有名で、地元の人々は昔も今も特産品を作り、それは今も売られている。「ブール・ダルグ」はきざんだ海藻を混ぜ込んだバターで、魚を焼くときに使ったり、パンに塗ってカキやホタテガイ、カニやエビに添えたりする。

ポール・ゴーギャン作「海藻を採る女」(1889年)

　しかしこうしたおいしい特産品に、この地のスパ［療養目的の温泉］創設者たちは見向きもしなかった。フランスの海洋療法の推奨者たちは、海藻を直接体につければ効果があるはずだと考え、海水と海藻の治療効果を組み合わせた療法を開発した。ブルターニュのスパで提供される熱、冷、温の海藻浴や海藻の蒸し風呂、体の海藻パックやラップ、海藻で体をこするメニューは、「症状の緩和」や身体機能の「活性化」、「回復」の効能をうたい、リュウマチや関節炎や皮膚障害によいとされた。

　スパを訪れた人々はにごった風呂に身を沈め、角質除去効果のあるクリームでマッサージをしてもらい、海泥で体を覆ってもらう。そのすべてに海藻

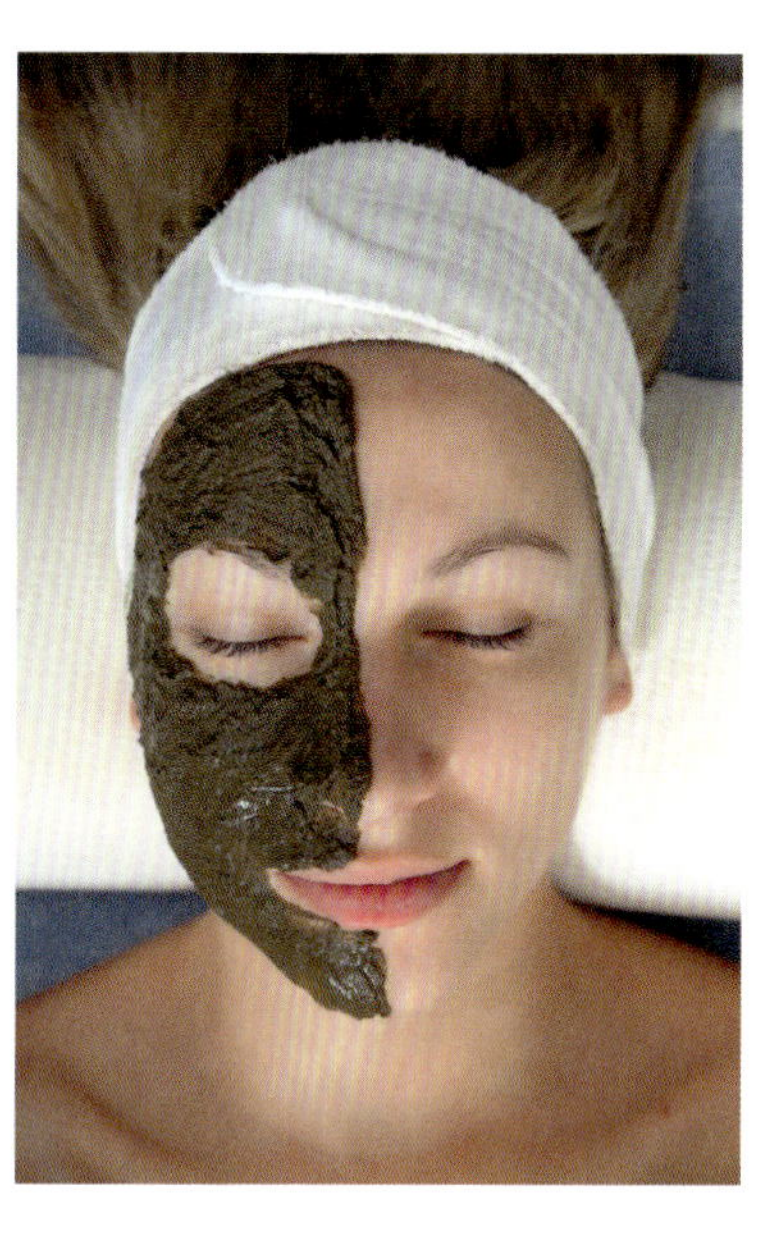

肌に栄養を。顔の海藻パック。

が使われ、体中が海の香りにつつまれる。やがて、こうした海藻療法にはさらにさまざまな効能があるとされるようになり、早期老化や更年期症状の軽減、セルライト「皮下脂肪のうち、皮膚に凹凸が現れるもの」形成の抑止やダイエット、疲労回復に有効で、背中の痛みやうつ症状およびその他のストレスによる症状の緩和にもよいとされた。ブルターニュ地方ではじまったタラソテラピーは、今や、新鮮なあるいは加工済みの海藻を使って世界中で行なわれている。

●海藻で美しくなる

海藻について健康面の効能から美容効果をうたうようになるまでさほど時間はかからず、やがて海藻を使った美顔術やクリームが登場した。血行をよくし肌をひきしめることで見た目の若さを維持し、肌色を透明に、若々しく保つとアピールしたのだ。ここから、海藻を使った現代の美容産業が発達した。当初は「古代の美の秘訣」をうたい文句にクレオパトラの名もよく引き合いに出されたが――クレオパトラが海藻療法を用いたという証拠はない――その後は、酸素や水分の補給、pHバランスを整える、解毒といった、「科学的」な効果をアピールするようになっている。

海藻は、種類によって効能も異なるといわれている。皮膚に使う場合、コンブ（ケルプ）にはアンチエイジング効果があり、アイリッシュモス（カラギーン）は水分補給に最適で、ブラダーラック（ヒバマタ）は体内浄化やリンパの流れをよくするとされる[13]。

海藻療法はスパでだけでなく、家庭でも楽しめる。ドラッグストアや化粧品店、美容サロンや健康食品を扱う店では、さまざまな海藻クリームや入浴剤、ジェル、スクラブ［細かい粒子を含む洗浄料で、粒子の摩擦で肌の汚れなどを落とす］が販売されているので、これを利用すればよい。市販の乾燥海藻を水やシーソルト、ビタミン類、アロマオイルと混ぜて使えば、自分なりの海藻療法も工夫できる。またブラダーラックやカラギーンから取った黒く濃い香気成分は、上質な香水の調合に使われている。加工食品中のフィコロイドとは違い、美と健康目的で海藻抽出物を利用することはさかんに宣伝され、欧米では、海藻の美容効果を信じる人たちに関連商品がよく売れている。だがこうした人々も、海藻を食べようとはしない。タラソテラピーはこれほどさかんなのに、だ。

ホメロスが、この世に人ほど虚栄心が強いものはいないと書いたとおりだ。

海藻を食べることが欧米文化において注目されなかった理由は容易に推察できる。ヨーロッパ沿岸部における古代人類の移動の研究はまだはじまったばかりだが、ヨーロッパ社会の大半は漁撈(ぎょろう)社会「漁撈とは、魚介類や海藻などの水産物をとること」ではなく農耕あるいは牧畜社会だ。そしてギリシア・ローマ文化の海藻を軽んじる風潮は広く浸透していた。古代から残る海藻を否定する心理をなくすため、新たに海藻を「海の野菜」と呼ぶといった努力もなされているが、古い風潮は今も社会に影響をおよぼしている。しかしヨーロッパでも海藻を食べる習慣はかつても今も存在し、最近では、長く海藻食の文化をもつアジアの影響で海藻が注目を集めはじめている。第2章以降は、こうした状況を追っていこう。

第2章◉日本の海藻

太平洋北東部に位置し6852の島々からなる日本は、農地や牧草地に適した土地はかなり少ないが、陸上資源の少なさを豊かな海が補っている。南北に細長い日本列島の太平洋側では、日本海流（黒潮）と呼ばれる暖流と千島海流（親潮）という寒流のふたつの海流がぶつかり、亜寒帯から亜熱帯にいたる多様で栄養豊富な海の生態系を生んでいる。そして、そこには魚や貝類や海藻が豊富に生育する。[1]日本の海には2000種におよぶ海藻が生育し、その多くが食用にでき、「和食」の中心的食材でもある。昔から日本人は毎日海藻を食べており、毎食口にすることもある。日本の海藻でもっとも一般的で、よく食べられているのが、ワカメ、ノリ、コンブ（ケルプ）だ。

◉コンブ（ケルプ）

日本最北端にある北海道本島は長々と伸びるケルプ・ハイウェー沿いに位置し、ここでは先史時

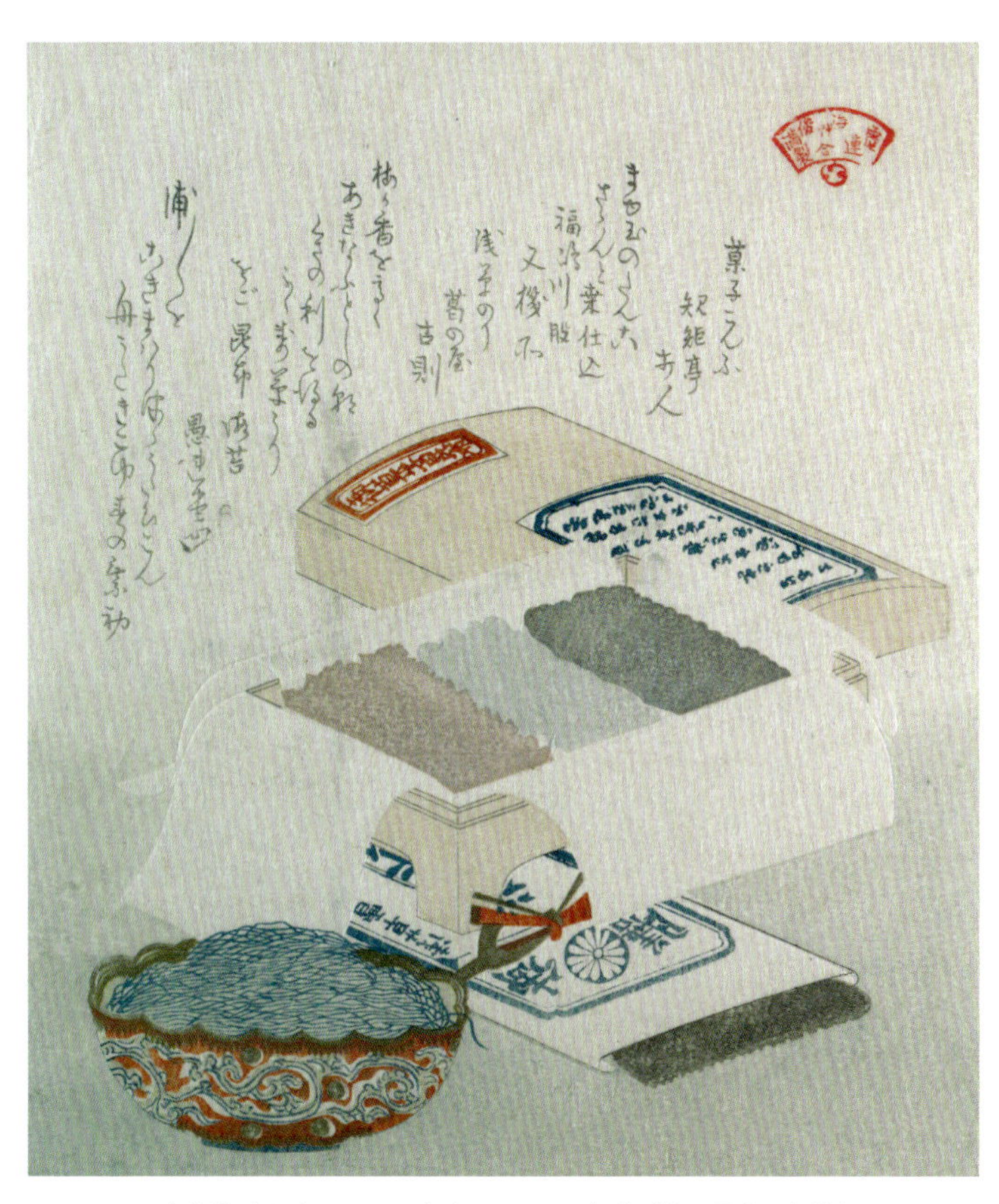

窪俊満（くぼしゅんまん）（1757 ～ 1820）作「菓子昆布と海苔」

有名な海藻のスープ「オハウ」を食べるアイヌの人々（19世紀末）

代からコンブが採れた。コンブは世界中の冷たい海域で育つが、風味、歯ごたえ、栄養にもっとも秀でているのが北海道産昆布だという意見は多い。長さが数メートルにもなる巨大海藻であるコンブにはいくつか種類があり、そのどれもが、特徴的な形状や風味その他の性質をもつ。日本のコンブの95パーセント以上を北海道産が占め、「だし」用や、昆布をメインにした料理を作るのに使われる。北海道で見つかった縄文時代の調理用土器に残っていたのもコンブだった。北海道は日本の先住民アイヌが住んだ地であり、現在では、アイヌは縄文人の末裔だという見方が支持されている(2)。

縄文人と同様、アイヌは農耕民ではなく狩猟採集民であり、魚や貝類にくわえ、海藻のなかでもとくにコンブを常食としていた。現在は大英博物館が所蔵する平沢屏山（ひらさわびょうざん）（1822～1876）作の有名な絵巻には、蝦夷（えぞ）のアイヌがコンブを採集するようすが描かれている。絵巻のなかでアイヌの人々は小舟でコンブ

「漁」に出かけ、長い柄の鉤で海底のコンブをひっかけて集めると浜に戻り、コンブを小さく切っておいしい「オハウ」を作る。オハウとは、魚や貝類、狩りの獲物とコンブを一緒に煮た、アイヌ伝統の具だくさんのスープだ。

採ってきたコンブは浜に広げて干す。乾燥したら大きな束にし、商人が集まる場所まで背負って運ぶ。買いとるのは南の本州からやってきた商人たちだ。彼らはコンブを量り、選り分けて格付けをする。絵巻には、寒天の原料となる「テングサ」や、カラギーンに似た「フノリ」をアイヌが集めるようすも描かれている。大きなカゴに入れて浜から運び、木枠に粗布をかけたものに広げて干したら、大きなゴザにくるんで運び保管する。

また古事記や日本書紀が編まれた8世紀頃にはすでに、関東以北に住む蝦夷と呼ばれる民族が朝廷の支配を受けており、奈良や、その後の、現在の京都（平安京）に置かれた朝廷に毎年すぐれた昆布を貢物として納めていた。

だが課税を強いられていたのは北の民族だけではない。紀元701年に制定された大宝律令では、地方に住む成人男性はすべて、地方の値打ちのある産物を朝廷に税（調）として納めることが定められていた。絹や絹織物、染料や漆、そして海藻のなかでも最高級品が朝廷に献上されたのだ。[3]また貴族層は、上質の海藻を海辺から都の自邸まで運ばせていた。

平安時代（794〜1185年）には、日本らしいさまざまな文化が生まれた。手の込んだ料理を、選りすぐった器に美しく盛り付ける日本料理が生まれたのもこの時代だ。武士はまだ存在しない平和な時代であり、朝廷の人々は武力ではなく教養の高さで力量を競った。歌や絵画、宮中の伝統に関する知識やその研究、十二単（じゅうにひとえ）や衣冠束帯（いかんそくたい）といった装束や調度などさまざまな文化が花開き、美しく、洗練された、きらびやかな時代へと移っていった。

●和歌に詠まれた海藻

奈良時代と平安時代には、海藻を詠んだ最古の和歌も生まれた。紀元759年頃に編まれた「万葉集」に収められた歌では、波にゆれる海藻に、それを刈（か）った手児名（てこな）という名の美しい少女の姿を重ねている。(4)

勝鹿（かつしか）（葛飾）の真間（まま）の入江にうちなびく玉藻（たまも）刈りけむ手児名（てこな）し思ほゆ(5)
［山部赤人／万葉集　巻3－433］

海藻を採る女性は日本の古い歌では繰り返し登場するテーマであり、愛しい思いや恋い焦がれる気持ちが込められている。

沖つ藻のなびきし妹（いも）は黄葉（もみちば）の過ぎて去（い）にきと玉梓（たまずさ）の使ひの言へば(6)
［柿本人麻呂／万葉集　巻2－207／寄り添って夜を過ごした妻は黄葉が散るように逝ってしまっ

たと使いが言うので……／妻が亡くなったことを知って嘆き悲しむ人麻呂が作った長歌の一部。「沖つ藻」は「なびく」にかかる枕言葉］

次は、恋する思いを浜で海藻を焼く煙に見立てて詠んだ、平安時代の歌人、藤原秀能（ひでよし）（1184～1240）の歌だ。

藻塩（もしお）やく海人（あま）の磯屋の夕煙（ゆふけぶり）たつ名もくるし思ひ絶えなで(7)

［新古今和歌集　巻12／夕暮れ、藻塩を焼く海人の磯辺の小屋から煙が立ち上る。その煙のように私の恋の噂もたつが、あの人への思いの火が絶えることはなくてつらい］

塩づくりは海藻採りに連なる仕事だった。「藻塩草（もしおぐさ）」とは、海水をいく度も注ぎ、乾燥させて塩分濃度を高めた海藻のことだ。この塩分を含んだ海藻を燃やし、その灰を水に入れる。すると塩分は水に溶けて灰と分離する。この塩水を蒸発させると、混じり気のない塩がとれる。(8)

最後は、海藻を好きな人ならよくわかる思いを詠んだ歌だ。

沖つ島荒磯（ありそ）の玉藻潮干（しほひ）満ちい隠（かく）りゆかば思ほえむかも(9)

［山部赤人／万葉集　巻6－918／沖つ島の荒磯に生える藻が満ち潮に隠れてしまったら、恋しく

葛飾北斎（1760 ～ 1849）作「海藻採り」

思うことだろう」

こうした歌に詠まれているのは、武骨なアイヌが採る、はるか北の海に生える太くしっかりとしたコンブではない。海藻は日本各地の海岸で採集され、地域によって採れる種類も異なっていた。海藻を見る目が肥えてくるにつれ、一定の地域で採れる海藻が最高の品とされるようになった。古代では天然の海藻は非常にぜいたくな品であり、庶民はめったに口にできず、貴族階級のものとされるのが一般的だった。天武天皇の孫である長屋王（６８４〜７２９）邸跡で発掘された木簡には、当時の貴族の生活も記されていた。長屋王は「鶴が舞う」庭で宴を催し、朝廷の氷室から運んだ氷を浮かべた酒を手にしては、志摩地方［現在の三重県の志摩半島がある地域］から運ばれてきた海藻の逸品などの珍味を味わいながら星を愛(め)でたとある。[10]

海藻は儀式にも欠かせないものだった。日本文化は四季を大切にし、自然との調和をはかることで知られる。これは日本の精霊信仰的な宗教に端を発するものだ。自然に宿る精霊、自然がもつ力、場所に宿る精霊、氏神(うじがみ)や産土神(うぶすながみ)、太陽、月、嵐の神や女神。古代の日本では、さまざまな「神」を祀(まつ)った。その数はおよそ3000ともいわれるが、実際には数えきれないほどの神々が存在する。そしてこのなかから、現在神道(しんとう)と呼ばれている国教が誕生した。仏教の導入後も古い宗教は残り、また現代も日本の文化と食習慣に大きな影響をおよぼしている。[11] 天皇と朝廷は儀式を絶やさず、混乱や不幸を遠ざけ、国土、海、民が栄えることを願った。米、酒、アワビ、鮮魚、干し魚、塩漬けの魚といった食物を神に供え、そして欠かせないのが数種の海藻だった。こうした食物をしきたりに従った儀式で神に供え、神職が祝詞(のりと)を詠むのである。

　うづ高く献(たてまつ)れる山の幸、海の幸、野の幸、川の幸、田の幸、畑の幸[12]

1000年以上ものちの現代においても、神社ではこうした神饌(しんせん)を供える。

●豊かな海藻食文化

平安時代の朝廷では、儀式や食事の供し方にしきたりが多く生まれた。貴族の食事は優雅ではあったものの栄養に乏しく、朝廷の人々の健康状態は全般に良好とはいえなかった。[13] 食材の中心となったのは、精米その他の穀物や根菜類だった。6世紀に仏教が伝来して以来、時代や地域、社会集団や階層等により多少の強弱はあったが獣肉食はおおむね敬遠されるようになり、この傾向は19世紀まで続いた。野菜は、採りたてのものを生で食べるのではなく、煮炊きしたり、漬物にしたりして食べられた。おもなタンパク源である魚は、干物や燻製にしたり、塩漬けにしたりすることが多かった。調理はゆでる、蒸す、煮る、焼くというように、火と水のみを基本としたものだ。

当時は油があまり手に入らなかったため油で焼いたり揚げたりする調理法は普及せず、食事には脂肪分が不足していた。こうした制約の多い食事では海藻が重要な役割を果たし、必要なミネラル分のなかでも、とくにヨウ素の供給源となった。また海藻は、寺院で仏僧が口にする精進料理「動物性の食材を使用しない料理」では汁物の基本食材となり、増加する僧たちの生活を支えた。

平安時代に続く鎌倉時代と足利将軍家の室町時代には、権力が天皇から、新しく誕生した武士階級へと移り、さらに武士の需要をまかなう商人も登場した。仏教の普及によって海藻の消費は増し、戦国時代には、乾燥させれば保存がきき、運搬も容易な海藻は、戦に出る武士にとってはもちろん、籠城にそなえる食品としても理想的だった。需要の増大に応えるため、14世紀以降、商人たちは本州から定期的に北海道へと渡ってはアイヌからコンブを買い入れるようになった。

乾燥コンブを積んだ商人の船団は北海道から日本海側を南下した。いくつかの途中の港では陸揚げして内陸にも運び、また琉球諸島を経由して中国とも取り引きをした。[14] 交易路沿いの地域ではそれぞれに昆布の食べ方が工夫され、多様な海藻料理が生まれた。海藻食文化が貴族階級以外にも広まったのである。

日本海側に位置する富山では、刺身を酢や酒で拭いた昆布で巻いてしめ、また「かまぼこ」も同様に昆布で巻いた。こうした「昆布巻き」は非常に人気が出て、新年にはとくによく食べられた。正月には、新しい年に幸運をもたらすよう「縁起のよい」ものを食べる風習があるからだ。日本では、「昆布」は「喜ぶ」につながる食べ物だ。幸せを意味する昆布はつねに縁起のよい食べ物であり、とくに年の初めには口にするのである。アイヌは醤油を使わなかったが、昆布が南へともたらされるにつれて日本本土で好まれる味が使われるようになり、醤油を昆布に合わせることが増えた。ちなみに、醤油のもととなった調味料は6世紀に仏僧が中国から持ち込んでいる。

昆布料理の種類が増えると同時に、昆布を選別する目もたしかになった。今日でもそうだが、昆布は種類、形状、光沢、収穫地をもとに選別された。薄茶色で甘味があり「昆布の王様」といわれるのが、幅広の葉状体（ようじょうたい）「植物の葉のような部分」をもつ北海道産「真（ま）昆布」だ。澄んだ「だし」が取れ、珍重されている。また乾燥真昆布を酢につけ糸状に削ったとろろ昆布は、ご飯にのせたり汁物に入れて食べる。色が濃く香りが強いのが「羅臼（らうす）昆布」で、昆布茶や酢昆布に使われ、また一般によく使われる、葉状体が薄い「長（なが）昆布」は煮物に最適だとされる。

大阪の町は昆布取り引きの中心となり、おぼろ昆布やとろろ昆布、昆布の佃煮、塩昆布といった特産品が生まれた。また、醤油とみりんで甘辛く煮た昆布は昔から白飯と一緒においしく食べられ

昆布とカボチャの煮物

てきた。これは倹約料理でもある。使う昆布は、だしをとったあとのものだからだ。

◉うまみ

日本料理を人の体にたとえるなら、だしは血液だ。だしは日本料理で味付けのベースとなる液体であり、通常は昆布とカツオブシを組み合わせてとり、干しシイタケや煮干しをくわえることもある。だしは万能で、非常に洗練された懐石料理から、力士たちが食べるボリュームたっぷりのちゃんこ鍋まで、あらゆる日本料理に使われる[15]。だしをとるときは煮立たせてはならない。魚くさくなるからだ。材料を水にひたし、早めに火をとめ、煮すぎずに昆布やカツオブシのエキスを引き出す。そしてこの湯を濾す。一番だしや二番だしは、だしの風味を主張しすぎて他の食材の味を消

「うまみ」をたっぷりと含む日本の「だし」汁は世界的にも有名だが、だしの基本食材となるのが乾燥昆布、カツオブシ、煮干しだ。

すことなく、「うまみ」の魔法で食材の味をひきたたせる[16]。

欧米では甘味、酸味、塩味、苦味に並ぶ「第5の味覚」と呼ばれている「うまみ」とは、グルタミン酸、そしてイノシン酸とグアニル酸という有機化合物が生み出す、味の構成要素のひとつだ[17]。それぞれが「うまみ」効果をもつが、組み合わされたときの相乗効果によって最高の調味料となる。グルタミン酸を含む食物は多いが、コンブの含有量は突出しており、コンブとイノシン酸の多い煮干しを合わせると「うまみ」たっぷりのだし汁がとれて風味が増す。「うまみ」の仕組みは完全には解明されていないものの、食の錬金術ともいえるこのだしはさっぱりした食感や満腹感ももたらし、世界中で高い評価を受けている[18]。

北端の北海道とは反対の、日本列島の南端には沖縄の島々がある。アイヌと同じく、この地の文化も、本土の人々からは「少し違う」と見られている。沖縄は何世紀にもわたる交易を通じて中国や南アジアの影響を受けている。それは料理にも言え、豚肉を好んで食べる。沖縄の昆布消費量は世界のどこより多い。沖縄料理には、「長寿を支える料理」ともいわれる「テビチ汁」がある。煮込んで脂身をぬいた豚足と昆布で作るこのスープは「うまみ」にくわえコラーゲン豊富で、これに沖縄そばを入れて食べることもある。

◉ワカメとその他の海藻

17世紀以降には、手が込んだ、洗練された海藻料理が発達した。寛永20年（1643年）刊の「料理物語」にはよく使われる海藻が25種類登場し、焼く、あぶる、炒る、塩漬けにする、汁物に入れる、生で酢の物にするなど、海藻のさまざまな調理法が書かれている。(19) なかでもとくにワカメ（学名 *Undaria pinnatifida*）は日本の伝統料理に欠かせない海藻だった。甘味があり、歯ごたえがやわらかく、とてもおいしい。ワカメはもっとも一般的な味噌汁の具のひとつだ。

ワカメは北海道の一部を除く日本の沿岸部全域で育ち、昔は漁師が小舟から長い柄の鎌で天然物を刈り取ったが、現在では養殖もされている。もっとも、歯ごたえがよい天然物のワカメのほうが好まれている。旬の春に収穫したワカメは、よく洗い、小さめに切って酢で軽く和えた「酢の物」にしたり、刺身のつまにしたりする。湯通ししたものを真空パックにしたワカメもあるが、乾燥ワカメや塩蔵（えんぞう）ワカメなどに加工したもののほうが主流だ。珍重される鳴門（なると）の「灰干しワカメ」は、乾

ワカメを入れた味噌汁

燥させる前に灰をまぶすことでもどしたときの色があざやかになり、保存期間も長くなる。ワカメは伝統的な料理である「和え物」によく使われる。ホウレンソウやカブ、ニンジン、タケノコ、ナス、レンコン、サヤエンドウなどの野菜をゆでたものと食べやすく切ったワカメを、醤油、砂糖、ゴマなどとまぜあわせる料理だ。[20]

このほか、日本でよく食べ輸出もされている海藻に、アラメ（学名 *Eisenia bicyclis*）やヒジキ（学名 *Sargassum fusiforme*）がある。色はどちらも茶色や黒で、乾燥させ、通常はすでに適当な長さに切ったものが売られている。ゆでても蒸しても炒めても、また野菜や魚と煮てもよく、冷たいものをサラダに入れてもよいし、ヒジキはご飯に混ぜ込んだりもする。輸出されていないため欧米ではほとんど知られていない海藻がカジメだ。茶色でオクラのように粘り気があり、中世の頃から食べられている冷や汁に入れる

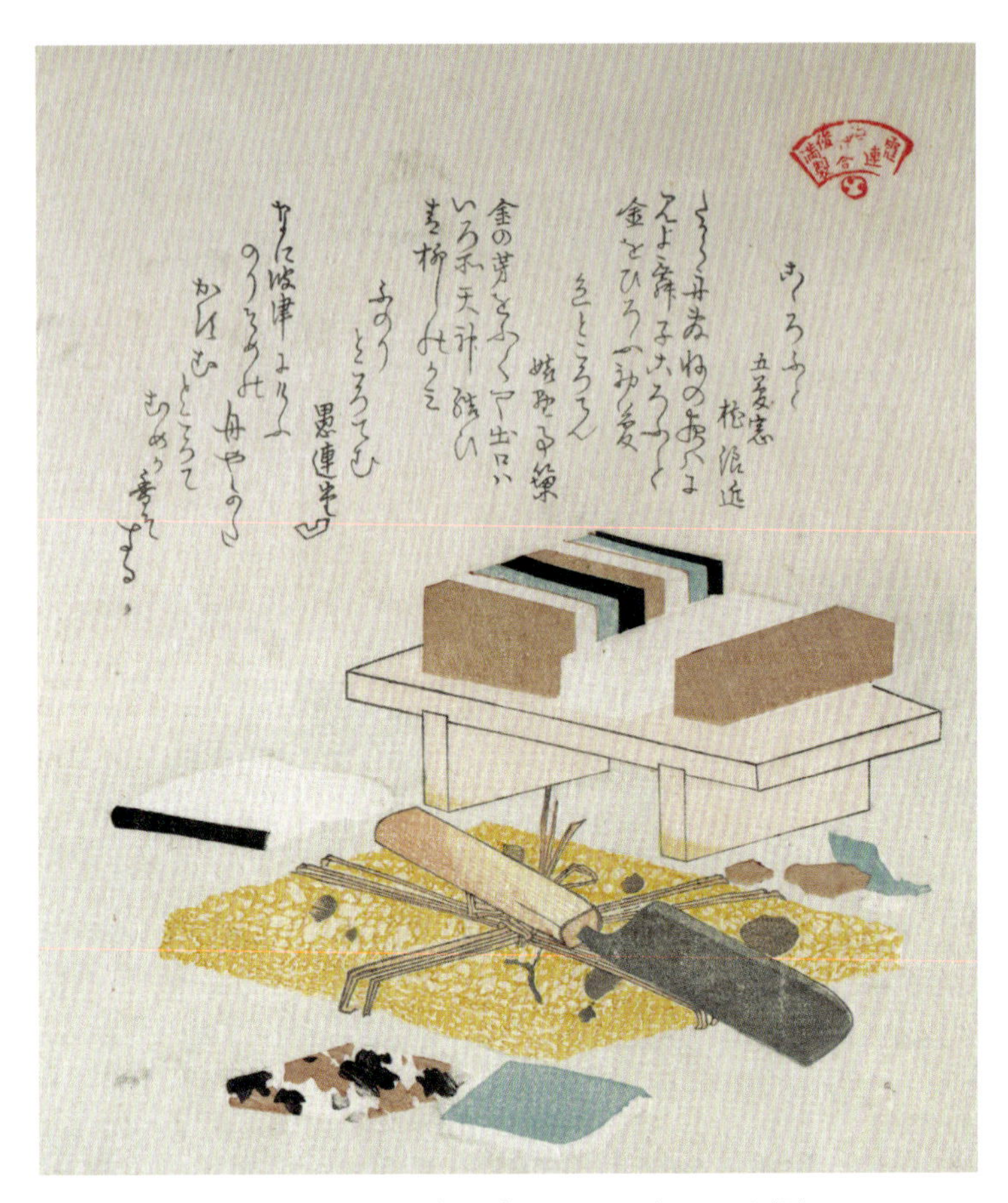

窪俊満（1757～1820）作「ところてんと包丁とまな板」

栗羊羹。海藻由来の凝固力が強いゲル化剤「寒天」と、あずき餡、栗の実で作る。

こともある。

ほかには紅藻類のテングサ（ところてん草）があるが、これは海藻の形状のまま食べるわけではない。テングサを煮溶かすと凝固力の強い物質が取れる。高品質のものは甘く煮たあずき餡と混ぜて羊羹にしたり、果物の風味づけをして、透明でゼリーのような「寒天」を作ったりする。どちらもしっかりと固まっているので、切り分け、箸で取り分けることもできる。欧米のゼラチン［動物の骨や皮から抽出したゲル化剤（凝固剤）］を使ったデザートよりもずっと噛みごたえがあり、ぷるんとしたゼリーに慣れている人はびっくりすることもある。また紅藻類の海藻にはアガーがとれるものもある。アガーもゲル化剤のひとつだがテングサのものほど凝固力は強くなく、輸出もされている。海藻由来のゲル化剤は食物繊維が豊富で、ベジタリアンやヴィーガン［動物や動物由来の食品を完璧に避ける「完全菜食主義者」］向

歌川国芳（1797～1861）作「東都名所　大森」

けの食材としても理想的だ。
地方の特産物として有名な海藻は数多くある。何世紀にもわたりその土地特産の海藻目当ての旅行が行なわれ、人々は産地で海藻を食べるためにはるばる旅をしては、絵のように美しい海藻採りの光景を眺めて楽しんできた。海藻は何百年ものあいだ、その産地によってブランド化され、その地の特産物として広く売られてきた。これは、産地を大切にしてそれをアピールする「テロワール」・マーケティング［「テロワール」とはワインによく使われる用語で、原料となるものの生育環境の個性を意味する］の先駆けともいえる。食通は有名産地の海藻を探し求め、芸術家は海藻をたたえた。海藻採りのようすを描いた「浮世絵」も多数ある。日本にはこまやかな気持ちから贈り物をする習慣があるが、産地が袋に書かれた高級な海藻は、今でも喜ばれる

「お土産」だ。
肥後地方［現在の熊本県］にある水前寺はよい香りの「海苔の吸い物」で有名であり、17世紀の俳人、松尾芭蕉の句にも登場している。芭蕉は、吸い物を楽しむようすをこう詠んだ。

吸い物は先出来されし水前寺[21]
［猿蓑　巻5／「先出来されし」は、「まあ結構な」といった、吸い物を称賛している言葉］

地元で消費される食物としても交易の品としても海藻は非常に重要だったため、日本の沿岸各地には海藻を祀る寺社があり、神道では、海藻をあがめ、神々に豊作を願う神事や祭事があった。こうした神事は現代にも多数残っている。福岡県にある、早鞆瀬戸［福岡県北九州市門司区と山口県下関市壇ノ浦のあいだにある水道］を見下ろす和布刈神社で毎年元日に行なわれている行事もそうだ。夜明けにはまだ間がある暗闇のなか、神職が大きな松明を頼りに厳寒の干潮の海に入る。そして潮が満ちる前に海藻を採り、初物の海藻を祭壇に供える。この神事は、新しい年に福を招くとされる。昔はこの和布刈神事は秘事であり、見てはならないとされていた。現在では、夜中に出かける意思さえあればだれでも眺めることができる。この神事で採る海藻はワカメだ。

魚屋北渓（ととやほっけい）作「和布刈の神事」。1830年代初め。松明とワカメを手にした神職が波間を走る。

◉ノリと鮨

日本の海藻で、欧米でいちばん有名でよく食べられているのはアマノリ属のノリだ。温暖な海域で育つこのおいしい紅藻は古代からよく食べられ、天然物の高品質のノリは、古代では税や貢物とされていた。海苔は、日本史に登場する有名な人物とも関係がある。徳川家初代将軍の徳川家康（1543〜1616）だ。言い伝えによると、家康は鮮魚と海苔が大好物だったという。家康は、新しい都（のちの東京）に置いた江戸城に、毎日魚を運ぶよう地元の漁師に命じた。漁師たちは毎日一定の魚を確保できるように、現在の東京湾に竹で生け簀（いけす）を作り、魚をかこっておいた。

そしてこの生け簀の柵にした竹にノリが育っていたことから、将軍がノリの養殖を推奨したといわれる。当初は、潮の満ち引きのある海に木の枝の束を沈め、それに生えたノリを採っていた。これでようやく、以前よりも幅広い層の人々が口にできるノリが収穫され、ノリを求める声も大きく増した。とはいえ、枝の束にはノリ以外の海藻はよく育ったのに、当時は理由はわからなかったが、ノリを安定して収穫することはなかなかできなかった。このため以前よりも手が届きやすくはなったものの、海苔は相変わらずぜいたく品だったのである。

大阪は昆布の町だが、江戸（現在の東京）は収穫地に近いため、海苔の町となった。本来海苔は、他の海藻と同じくそのまま乾燥させて、焼き海苔にしたり汁物に入れたり、煮て昆布同様「佃煮」にして食べるものだった。江戸時代（1603〜1868年）には、現在の東京にある浅草の海産

The preparation of Porphyra. From a Japanese print.

板海苔作り。日本の版画。1900年頃。

物屋が、和紙の基本的な製紙技術を応用して、ノリをゆで、細かく切って枠に広げて乾燥させ、紙のような四角の海苔にする製法を編み出した。そしてこれが江戸の特産品である浅草海苔となったといわれている。標準サイズは22・5センチ×17・5センチで、この海苔が10枚一束で売られていた[22]。

現在、世界各地の「スシ」に使われているのが、この紙のようなシート状の海苔だ。「スシ」は、本来は「海苔巻き」や「巻き鮨」と呼ばれていた。こうした鮨は古代からある食べ物ではなく、初めてシート状の海苔（板海苔）が作られて以降に生まれたものだ。それまで海苔は、葉状体を乾燥させるか、煮てペースト状にしたものを、ご飯と一緒に食べていた。その後は板海苔の開発で、18世紀末から19世紀初頭には、海

海苔で包んだ「おにぎり」

苔で包むさまざまな食べ物が考案された[23]。

いちばんシンプルな食べ方は、適当な大きさの海苔を茶碗によそったご飯にのせて、箸を使って海苔でご飯を巻いてから食べるものだ。海苔に醤油をつけてからご飯を巻くこともあった。今も家庭での食事ではよく見られる食べ方だ。このほかにも、「梅干し」をなかに入れてご飯をにぎり、それを海苔で包んだ「おにぎり」があった。

そしてまもなく、さまざまな具を使って海苔で巻いた食べ物が生まれる。活気に満ち忙しない江戸の町では手軽に食べられるものが好まれ、海苔で巻いた食べ物はもってこいだった。「海苔巻き」や「巻き鮨」は、「巻き簾」の上に海苔、ご飯、おいしい具の順にのせて筒状に巻き、適当な幅で切って、具の色をご飯の白と海苔の黒と美しく対比させたものだ。キュウリを具にした「かっぱ巻き」は、かっぱの好物がキュウリであるとの言い伝えからこの名が

江戸前の「巻き鮨」と「にぎり鮨」

ついた。「新香巻き」は黄色いたくあん、「鉄火巻き」はまぐろの赤身を具にしたもので、これらは根強い人気がある巻き鮨だ。巻き鮨は進化を続け、切り方も、薄いもの、ほどよいもの、厚切りのものが工夫された。現在では「裏巻き」タイプの鮨もある。海苔をご飯の内側に巻いたもので、海苔が渦を巻くように見える。「手巻き鮨」はご飯と具を海苔にのせて、手で円すい状に巻いて食べる鮨だ。

板海苔はまもなく「にぎり鮨」に使われるようになった。江戸で生まれたので「江戸前鮨」ともいわれる。小さくにぎったご飯に刺身や調理した魚や貝などの食材をのせた、この手軽に食べられるにぎり鮨は19世紀初頭に生まれた。これに海苔が使われることもある。海苔で鮨にのせるネタを固定し、色や歯ごたえのコントラストを楽しむのだ。鮨は地域によってさまざまなものがあるが、一般的には鮨と言えば江戸前鮨だ。今日では日本中どこでも食べられる鮨だが、ずっとそうだったわけではない。

◉ノリの養殖

すでに述べたように、日本では17世紀には海藻の養殖が行なわれていたが、ノリの養殖はうまくいったとは言えず、供給量は多くは増えなかった。他の海藻に比べてノリの生育がうまくいかない原因については、当時は見当もつかず、1930年代までこの状況は続いた。だが、イギリス人藻類学者のキャスリーン・ドゥルー＝ベイカー博士がウェールズ地方でアマノリ属の標本を採集して研究し、ついにノリの複雑な繁殖サイクルを解明した。ただしイギリスではベイカー博士の発見は見向きもされず、やがて第二次世界大戦が勃発する。

終戦後、ベイカー博士が親交のあった日本人藻類学者たちにこの発見を知らせると、学者たちは、これでようやくノリの商業養殖が軌道にのることを確信した。戦後の日本経済は壊滅的状態にあり、

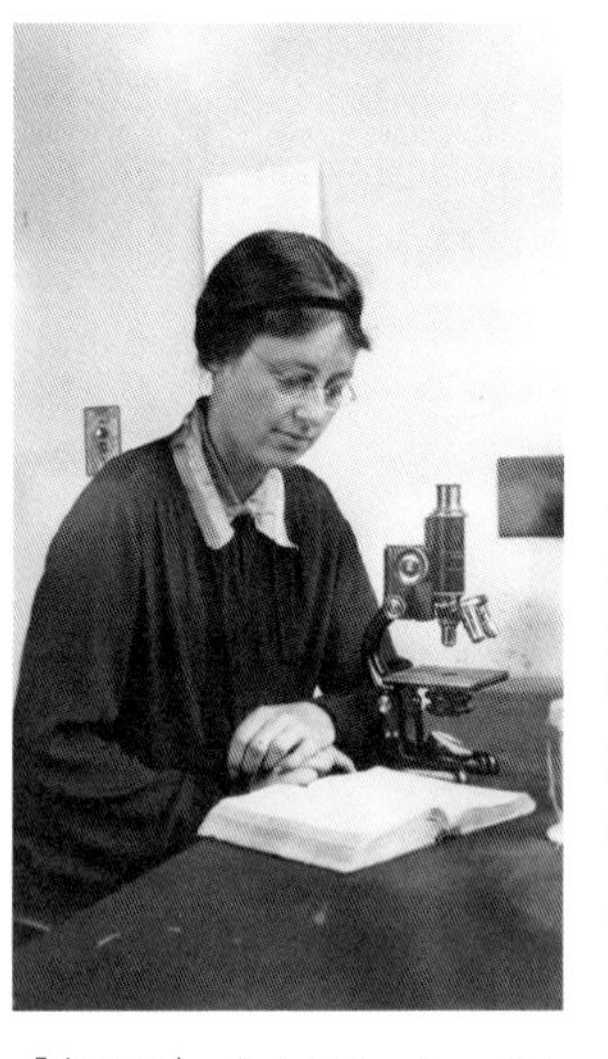

「海の母」、キャスリーン・ドゥルー＝ベイカー博士。

何年も食料不足に苦しんでいた国民の健康状態は悪化していた。国内外向けのノリの量産化に成功すれば、日本経済にも国民にも恩恵をもたらすことになる。ベイカー博士の発見と、それをもとに研究を重ねた日本人科学者および養殖者の努力のおかげで現在のノリ養殖の土台ができあがった。ノリはようやく日本全国で安定して手に入れられるようになり、鮨が手軽につまめる食べ物となったのである。

ベイカー博士が日本を訪れたことはないが、ノリの一大生産地である熊本県の有明海を臨む神社では、ベイカー博士を「海の母」とたたえる「ドゥルー祭」が毎年行なわれ、日本の海藻産業と鮨革命、そしてノリに対する博士の貢献をしのんでいる。

●世界のスシ・ブーム

第二次世界大戦後、鮨は世界の「スシ」となったが、それにはいくつかの要因があった。まず、欧米で日本文化に対する興味が高まったこと。とりわけ、鮨は見た目が美しく欧米にはないタイプの食べ物であり、アメリカに紹介された当時は、鮨を「ライスサンドイッチ」と書いた記事もあった[24]。1960年代に欧米で禅やマクロビオティック［日本の桜沢如一が確立した長寿法で、玄米、全粒粉を主食とし、豆類、野菜、海藻類を中心とした食事をとる］や菜食主義がブームになるとノリや海藻に対する興味も増したこと、また1970年代初めまで続いた日本の「高度経済成長」によって日本のあらゆるものが流行し、鮨はその中心となり世界に広がったという事情もあった[25]（とはい

カニ、アボカド、キュウリを具にして海苔で巻いたスシ、カリフォルニア・ロール。これは白飯を外に巻く「裏巻き」スシだ。

え当時、ノリとはスシを包む黒いシート、すなわち食べられる紙であり、これも日本の独創的発明のようだ、という程度の見方であり、ノリという海藻はほとんどの人の記憶に残らなかった)。

ただし、鮨が最初に上陸した地のひとつであるアメリカのカリフォルニア州はヒッピーとヤッピー［ベビーブーマー世代で、都会に住み知的職業に就く若手エリート］文化という独特の文化をもつ地でもあり、ここでは、アメリカの食と融合したスシであるカリフォルニア・ロールが生まれた。海苔と白飯、アボカド、それにカニ肉やキュウリもときには入るのがカリフォルニア・ロールだ。

1961年から1981年生まれのアメリカ人の若者は「ジェネレーションX」と命名されたが、スシを熱狂的に支持したため「ジェネレーション・スシ（スシ世代）」とも呼ばれ、まもなくスシは世界中の都市に広がることになった。

アメリカのスシ・ブーム以降、世界のスシは各地で独自の発展を続けている。ブラジルとペルーは、19世紀にプランテーション［熱帯、亜熱帯地域の植民地で、安い労働力を使って単一作物を栽培する大農園］労働者として日系移民がやってきたため、日系人が非常に多い。このため、熱帯地方の味や食材と、洗練され、新鮮な食材に高い価値を認める日本料理とを融合させたスシが続々と生まれている。日系ペルー人が作った「コミーダ・ニッケイ」（ニッケイ料理）では、太平洋で獲れた高級魚や海藻とシーフードを使ったスシが有名だ。セビーチェ［新鮮な生の魚介類をレモン汁と塩、トウガラシなどで和えたペルーの伝統料理］を使ったもの、またはエビやパームハート（ヤシの芯）、あるいはカニ肉、アボカド、ペピーノ（メロンとナシを掛け合わせたような果物）を鮨種にしたスシがある。こうしたスシには、海藻や枝豆、トウモロコシ、トマト、タマネギ、コリアンダー（シラントロ、パクチーともいう）などの材料をオイル、米酢、日本で使う「唐辛子」で和えたペルー風サラダを添えて供する。

日系ブラジル人のスシは大胆だ。マンゴーやキウイ、クリームチーズは人気の鮨種で、スシを油で揚げることも多い。サーモンやクリームチーズその他を鮨種にした海苔巻きに衣をつけて油で揚げ、チリマヨネーズやトロピカルフルーツのソースをふりかけ、ライムや新鮮な海藻を添える。また、ボリュームたっぷりの「手巻き」スシは、ストリートフードとして大人気だ。

日本は徹底してさまざまな日本料理と海藻の販売促進に努めたので、すでに食用海藻の世界最大の産地ではないものの、今では日本産の海藻は高級海藻の代名詞ともなり、多様な海藻とそれを使った食品が日本語の名称で世界中に広まっているのである。

第3章 ◉ 中国と朝鮮半島の海藻

◉中国の海藻

日本と同様、中国には海藻を利用してきた長い歴史があるが、その用い方は少々異なる。日本人は一貫して海藻をおもに食用としてきたが、中国では海藻に本来薬効があると考え、薬として利用した。

伝統的な中医学は、人体の総合的なバランスを考慮する複雑なシステムと、中国古代の神話上の帝、黄帝（こうてい）の問答をもとにした医学書を基盤とするものだ。この中国最古の医書とされる「黄帝内経（だいけい）」は秦・前漢時代に編纂されたと言われているものだが、はるか以前の時代から口承されてきた内容を含む。

哲学書であり医学書でもある「黄帝内経」は何世紀ものあいだに変更された部分もあるが、規範となる一定の要素は変わらず、次のような説は基本原則として残っている。宇宙はエネルギー（「気」）で構成され、このエネルギーは陰（女性、月、闇）と陽（男性、太陽、光明）のふたつに分類される。そしてこの陰陽に、五行（木、火、土、金、水）、五季（春、夏、土用［晩夏］、秋、冬）、五色（緑、赤、黄、白、黒）、五気（風、熱、湿、燥、寒）、五臓（肝臓、心臓、脾臓、肺、腎臓）、五腑（胆嚢、大腸、小腸、胃、膀胱）、五味（酸、苦、甘、辛、鹹［しおからい］）という考えが取り入れられ、こうした要素はさまざまな形で互いに影響を与え合っている。[1]

「気」のエネルギーが、調和がとれダイナミックに体内を流れるのが理想の状態であり、これが健康の「基本」だ。病気とはこの基本的な機能が阻害されたことで生じ、医薬を使用して、体内の秩序とバランスを回復させる。[2]黄帝が述べたように、「健康とは秩序の回復」なのである。[3]「黄帝内経」では、診断と治療について次のように書かれている。「肝臓が急に痛んだ場合は、すぐに（緩和の性質をもつ）甘味のものを食べてそれを鎮める」、「喘息喘鳴に対しては『気や血』の流れをよくする」[4]。

診断を下したら、医師はさまざまな薬種［漢方薬の材料となる草木などの生薬］のなかから適切なものを選ぶ。今日もこうした薬種は伝統的な漢方薬の店に並んでいる。見たこともない植物、キノコ類、動物、魚、貝、鳥、爬虫類、木の根、昆虫、植物の種子。どれもがそれぞれに五行の要素をもち、薬種は、産地や採れた季節、日時や昼夜の別、また植物や動物のどの部分を使用するかでも区別される。こうした薬種をそれぞれの症状に応じて調合し、挽いて飲む、あるいは丸ごとを煎

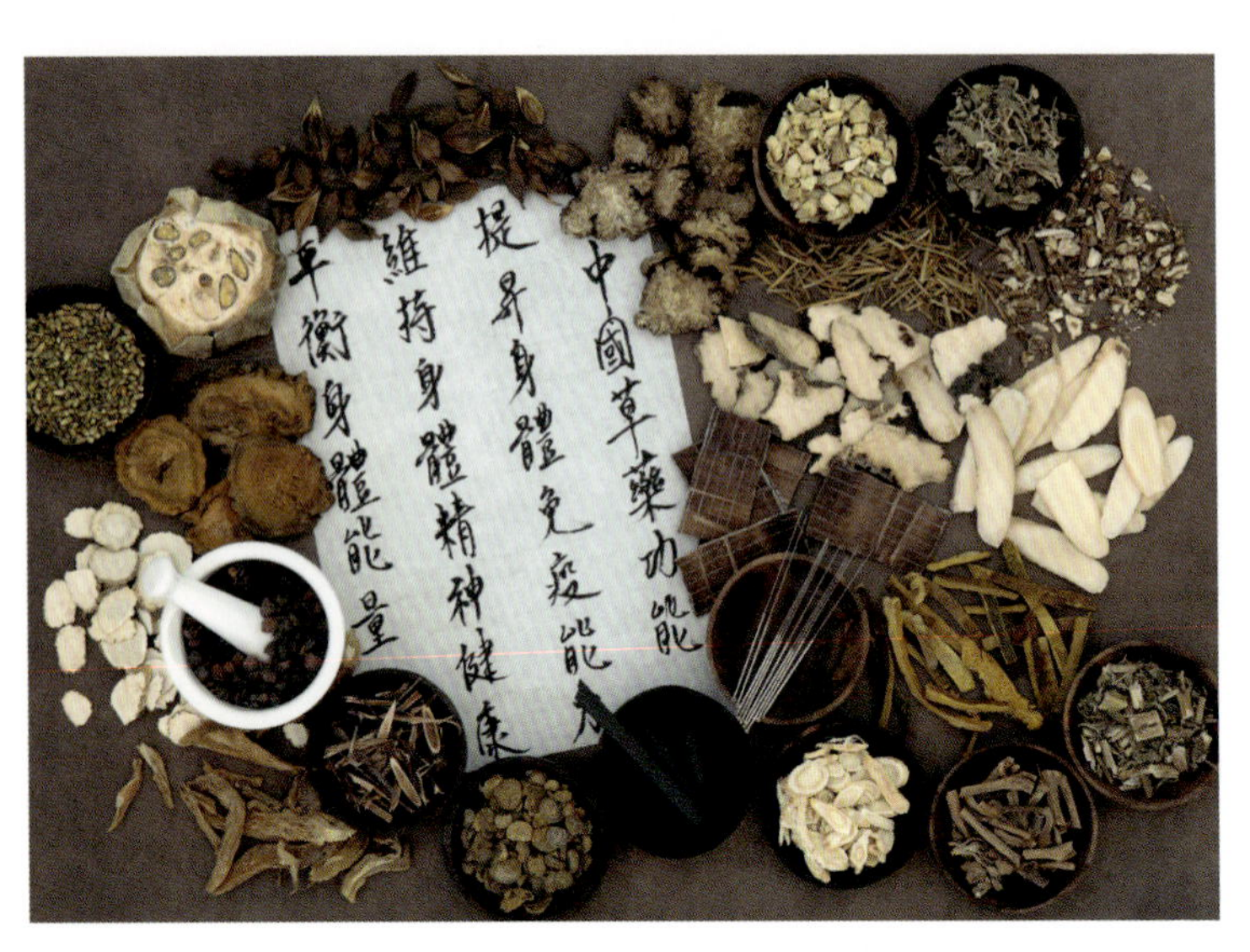

伝統的な漢方薬にも海藻は使われている。生や、乾燥、粉末状のものを混ぜて使う。

じて飲んで体内の気のバランスをとり、通常の機能を回復させる。漢方薬の生薬の組み合わせはまるで芸術だ。それぞれの処方ごとにさまざまな薬種を組み合わせて体内に活力を取り戻し、その病気の治癒に適した気を生むのだ。

　こうした複雑な概念や治療法において、生気を与え熱を冷ますとされる海藻は陽に分類され、苦味と塩辛い味をもつものとされた[5]。しこりができる甲状腺腫は、現在ではヨウ素の欠乏で起こる症状だとわかっているが、古代中国の医学書では「血流の停滞」で引き起こされるものとされ、ヨウ素を豊富に含む「クンブ（kun bu）」（コンブ［学名 *Laminaria*］）の「活力を与える」性質で治療した。

　すでに発症している病気への対応を治療医学というが、昔も今も、中国では予防医学がより重要だと考えられており、料理にもこの考えが取り入れられている。黄帝内経では、「遠い昔の名医は湯液や醪醴〔煎じ薬や薬酒のこと〕を作りはしても、とっておくだけで結局実際には使用しなかったというが……」と問う黄帝に、師の岐伯が「遠い昔の名医が湯液や醪醴を作ったのは、普通にはありえない万一の場合に備えておいただけなのです」と答えている。[6] つまり、日頃から食物の薬効に沿った健康的な食事を摂れば、病にはかからないと言っているのだ。

食事は五行に従って調理され、五味はそれぞれ人体に影響を与えるものと考えられた。塩辛い味は、少量であればものをやわらかくする作用があるが、多すぎると血液の流れがとどこおる。苦味は、引き締め、抑制する効果があるが、多すぎると皮膚の衰えを招く。適量の甘味は緊張をゆるめる（緩和、調和）作用があるが、適量を超えると骨格に痛みが生じる。酸味にはものを集め収める（収斂、固渋）効果があるが、多すぎると肌肉（筋肉）が委縮する。辛味には消散させる作用があるが、多く摂りすぎると筋がひきつることもある。[7] 醱酵や塩漬けといった保存方法や調理技術がある段階でこうした体系に取り入れられ、ゆでる、湯に落とす、蒸すといった調理法は陰の性質、火であぶる、強火で炒める、油で揚げる調理法は陽の性質とされた。このため中国の伝統的な調理術は、美食のためでもあるが、予防医学の実践でもあった。味や食材をさまざまに組み合わせ、舌を喜ばせるのはもちろんだが、健康と、体が通常もつ機能を最高の状態にすることを目的とした調理術を用いたのである。

古代中国のレシピの多くは処方箋のようで、味よりも食材の効能が重点的に書かれている。古代の医師、孫思邈（紀元581〜682頃）もこう述べている。「まず病は食事で治療すべきだ。患者が回復しない場合に初めて、医薬を処方する」[8]。大昔から「薬食同源」［薬を飲むことと食べることとは同じで、体によい食材を日常的に食べて健康を維持すれば、薬は必要ないという考え］を重んじるのが中国であり、そしてこの思想においては海藻が大きな役割を果たした。

6世紀前半に書かれた農業指南書「斉民要術」には塩と酢に漬ける海藻の記述があり、宋時代（紀元960〜1276年頃）末期の「中饋録」には、大豆ペーストと一緒に醗酵させた海藻が登場する[9]。貴族層向けの古代の書には「海藻酒」作りに関する記述があり、4世紀前半の「肘後備救方」（応急処置法）にこう書かれている。

> 海藻酒　約0・5キロの海藻（ハイツァオ［学名 *Sargassum siliquastrum*］）の塩分を洗い流す。この海藻を絹の袋に入れ、約1リットルの透明な酒（清酒）につける。春と夏には2日間海藻をつけておき、3日目以降に、この酒を1日に盃2杯飲む。飲んでしまったら、この海藻をまた1リットルの酒につけ、同様にして飲む。酒を飲んだあとに残った海藻は乾燥させ、これも内服する[10]。

この酒はおいしいうえに、甲状腺腫の治療に用いられた。紀元752年の「外台秘要」には海藻で作る錠剤の処方が書かれており、「ハイツァオ」や「ハイツァイ」ともいわれる「クンブ（学名*Laminaria saccharina*）」が使われている。クンブを粉末状にしてハチミツと混ぜてスモモの種ほどの大きさに丸め、飴（あめ）のようになめるのだ。(11)

中国では医療行為に多数の植物が使われ、その記述も多く残っているが、海藻は、陸地で採れた生薬に比べると文献に出てくる頻度が非常に少ない。1330年に中国で書かれた「飲膳正要（いんぜんせいよう）」でもそうだ。これはモンゴル人による中国王朝である元（げん）の皇帝の健康維持のための料理書だ。掲載されたレシピはどれも、薬と食がほとんど区別されていない。またこの料理書からは、モンゴル帝国が強大だったからこそ求めることができた異国のさまざまな品が宮廷に持ち込まれていたことがよくわかる。ただし海藻は例外だ。稀少だったことは間違いがなく、貴族の医薬とされていた。甘（かん）草（ぞう）［マメ科の多年草でさまざまな薬効をもつ］を含む薬を服用直後には、皇帝に海藻を食べるのを控えるよう忠告する内容もある。(12)この場合の海藻はホンダワラ属のヒジキまたはウスイロモク（学名*S.Pallidum*）であり、薬茶（くすりちゃ）として飲まれることが多いが、錠剤で服用される場合もあった。

元の時代から500年あまりのち、ホンダワラ属（学名*Sargassum*）の海藻は「肝臓を癒やし、腫瘤（しゅりゅう）（しこり）をほぐす錠剤」の材料に使われていた。これは清の11代皇帝、光緒帝（こうしょてい）（1871～1908）の宮廷医が処方したものだ。(13)近年の研究では、「ホンダワラ属の海藻は抗炎症、抗ガン、抗菌、抗ウイルス性があり、また肝臓を守り、抗酸化作用をもつ」可能性が示唆されている。(14)「飲膳正要」では、元の皇帝に、「海藻は塩味があり、熱を冷ます。少々くさいが毒はない。甲状腺腫に効き、気の乱れや腫瘍の増大をなくす。だが食べ過ぎは控えるべきである」と助言してもいる。(15)

モンゴル系である元（1271 ～ 1368）の皇帝のために書かれた「飲膳正要」のさし絵。この絵のなかの医師は、甘草を含む薬は、白菜と海藻とは合わないと助言している。

この場合の海藻はクンブ（コンブ）だ。

古代から中国皇帝がまとった龍の図柄の衣装には皇帝の美徳を表す12の文様が刺繍されており、そのひとつだという事実からも海藻の重要性がうかがえる。この文様は純潔さと五行のうちの水を表し、海藻のほか、日、月、星、山、龍、鳳凰［雉ともされる］、宗彝（祭祀用の酒器）、火、粉米（白米）、黼（斧）、黻（弓が背を向けて並ぶ形）が描かれた。

元の皇帝が口にした海藻は、遠くから運ばれたものだった。中国は長い海岸線をもつが、その沿岸部の海は比較的温かく、日本沿岸の海ほど海藻の生育に適していない。このため当初は供給量がかぎられ、紀元5世紀には中国が、ヨウ素が豊富なコンブを北海道から輸入していたという記録が残る。その後、コンブ以外の海藻も日本、朝鮮半島、東南アジアからジャンク船［中国で古くから使われた木造の帆船］が中国へと運び、中国沿岸部で採れた海藻とともに内陸部に持ち込まれたが、昔の記述からは、それがどのような種類の海藻であったかわからない場合もある。「もつれた髪」（のような海藻）としか書かれていないこともあるからだ。[16] 海藻の輸入は続き、中国の古い文書に海藻に関する記述もひんぱんに登場するようになり、料理に活用することも増えた。１８８０年代に中国を訪れた西洋の博物学者もこう書いている。

> 海藻は一般に、以前よりも需要が大きく増加しており……食用のツバメの巣にはヤンツァイ（学名 *Laurencia papillosa*）が含まれているし、暑い地方では、テングサ（学名 *Gelidium corneum*）で

中国皇帝の龍の衣装。絹の手織物で清朝（1780～1850）のもの。皇帝の美徳を表す12章の文様が刺繍されている。通常、海藻は衣装のすそから上へと波打つようすが描かれる。

作る冷たいゼリーが売られている。またカラフトコンブ（学名 *Laminaria saccharina*）は豚肉と煮て野菜代わりに供されるし、ツルモ（学名 *Chorda filum*）は肉やスープと一緒に出てくる。アガーがとれるオゴノリの仲間（学名 *Gracilaria spinosa*）は、シンガポールから戻るジャンク船で大量に運ばれてくる。[17]

中国ではクモノスケイソウの仲間（学名 *Arachnoidiscus japonicus*）［珪藻(けいそう)は小さな単細胞の藻類で、海や川、湖に生息する］も利用され、博物学者の記録によると、磁器その他の輸出品の緩衝材にされたという。当時は清の時代だった中国では海藻を非常に重要な食品とみなしており、１８８４年にロンドンで開催された国際健康博覧会の展示品にもくわえたほどだった。この博覧会は、毎日の生活に簡単に取り入れられる食習慣と手軽なアイデアを広めて健康維持を目指すという、画期的な催しだった。世界中から出展があり、健康的な食生活のための食品や自然の産物に注目が集まった。日本は日本酒と豆腐をイギリス国民に紹介し、中国はイギリス初の中国料理レストランでもあるダイニング・パビリオンで自国の料理を紹介した。客は箸の扱いに苦労しながらも、煮た鮭に紫色の美しい海藻を添え、熱い紹興酒(しょうこうしゅ)をふりかけた料理をはじめとするメニューを楽しんだ。[19]

博覧会でのメニューは、当時の中国の実質的統治者である西太后(せいたいごう)（１８３５～１９０８）の日々の食事を取り入れたものだった。ただし完全に再現したものではない。宮廷では毎日、西太后に2度の食事が出されていたが、どちらも48品の旬の料理からなり、厳選された食材は風味を最大

●中国における海藻の調理法8種

焼（シャオ）（または紅焼［ホンシャオ］） 海藻をさっと焼いて、他の材料と一緒に、醤油をくわえて30分から2時間半ほど煮る。煮汁が多くでる。

炒（チャオ） 海藻を他の材料と一緒に、ニンニクやタマネギ、ショウガで風味づけした油で強火で炒める。

清炖（チンドウン） 醤油を使わず塩味だけで煮る。主となる材料をやわらかくなるまで5時間ほど煮込み、その後乾燥海藻やその他の材料をくわえる。

蒸（ジョン） 乾燥海藻を15分から25分ほど蒸し、小さく切って調味料にひたす。これは乾燥海藻に最適の調理法のひとつとされる。

煎（ジェン） 乾燥海藻を少量の油で焼き、醤油、ラー油、ゴマ油、あるいはこの3つをすべて混ぜたものにきざんだ生ショウガなどをくわえた調味料にひたす。

湯（タン） 沸騰した湯で生の海藻を数分ゆで、湯切りして小さく切り、調味料をくわえる。

煮（ジュウ） 海藻を煮る。海藻は細かく切り、それにタマネギのみじん切りやゆでた麺をくわえて湯を注ぎ、スープにすることが多い。

餡（シェン） 海藻を肉やきざみ野菜と混ぜ、醤油、ゴマ油、ショウガ、ネギなどをくわえてギョウザの餡（あん）を作る。生地の材料によって揚げたり、蒸したり、ゆでたりする(18)。

海藻のシンプルで効果的な使い方。中国の粥に粉末状の海藻をふりかけて風味を出す。

限生かせ、なおかつ健康を増進させるもので、極上の海藻も含まれていた[20]。

日本と同様、中国で今日一般に食べられているのはワカメ、クンブ（コンブ、ケルプ）、ノリ（学名 *Porphyra*）といった海藻だが、食用その他に活用している海藻は少なくとも74種におよび、中国では海藻類が料理にさまざまに利用されている[21]。海藻料理は中国を代表するものがあるというより、中国各地にさまざまな名物料理があり、沿海部の7省［河北、山東、江蘇、浙江、福建、広東、海南の各省］とその都市はとくに海藻料理で有名だ。香港にはいくつか海藻の名産品があった（都市化でこの地域の海が汚染されるまでは、在来種の海藻の繁殖地だった[22]）。上海は苔條魚片が有名だ。魚の切り身にきざんだ海藻をまぶし、衣をつけて揚げたもので、すばらしい色と風味だ。海藻入りのチャーハンや甘酸っぱい海藻が入った焼餅（シャオピン）［小麦粉をこねて円盤状にして焼いたもの］もおいしい。

広東風レストランで人気の「パリパリの海藻」は、実際には海藻ではなく揚げキャベツであることも多いが、これにがっかりしたとしても、広東風海藻春巻きや煮込んだ海藻スープといった料理で十分に満足できる。夏は蒸し暑い広東省では、海藻の寒の性質を生かしてアガーを料理に利用し、キューブ状のゼリーを作ってフルーツサラダにくわえたり、ゼリーを千切りにして冷製スープの麺にしたりする。福建省はカキや海藻入りのジューシーなオムレツ、貴州省では海藻のパンケーキが有名だ。

中国全土にはさまざまなコンブ料理がまだまだある。

豚肉を使った栄養たっぷりのコンブのスープ。コンブを細切りにして煮て、溶き卵をくわえて「卵の華」を作るスープ。コンブを魚と交互に重ねて、醤油、酢、砂糖、新タマネギ、油をくわえ、紹興酒をふりかけて1時間ほど圧力鍋で調理するか、圧力鍋がない場合は弱火でもっと長く煮込んだもの。大きなコンブに豚肉をのせ、醤油、砂糖、ネギ、塩をふってコンブで巻き、蒸すか煮て、ひと口大に切るもの。(23)

古代からよく知られているヒジキもよく使われ、油と新タマネギと混ぜてギョウザの具にしたり、

海藻を具にした中国の焼きギョウザ。海藻を敷いてその上に盛り付ける。

ムラサキイガイと炒めたり、豆腐と一緒に「シャドウフ（sha dou fu）」という料理にしたり、黒砂糖と混ぜて甘い具を作り、新年その他の大事な祭りで食べる蒸しパンに詰めたりする。(24)

中国では、1912年の清朝終焉までは海藻はほとんどが高価な輸入品だった。(25)その後20年におよぶ内戦を経て、毛沢東のもと1949年に中華人民共和国が建国されるまでこの状態が続いた。そして文化大革命を代表とする一連の「改革」が30年近く続き、輸入品や海藻などのぜいたく品は一時的に禁止されるなど、非常に厳格な施策が導入された。また耕作地への負担を減らすため、海産物の消費量を増やす策の一環として、海藻を海底に植え、あるいは海に浮かべた筏（いかだ）で海藻を養殖する試みも行なわれたが、うまくいったのはごく一部だった。(26)

さらに、農業よりも工業発展が優先されたため中国全土が厳しい飢饉に見舞われ、1976年に毛

「公社魚塘」董正宜の1973年の作品。毛沢東の時代の海洋養殖。

沢東が死去する頃には中国経済は崩壊しており、国民の健康は劣悪な状態にあった。このふたつの課題を立て直すべく、毛沢東の後継者たちは食料生産の急増を命じた。しかし耕作地が酷使されるのみで中国の海の資源開発は進まなかった。そこで、第二次世界大戦後に海藻の養殖に成功した日本を参考にして熱心に養殖海藻の市場開拓を進め、輸出による収入を得て国民の食生活の改善に努力した。やがて劇的な変化が生じた。中国が生産する海藻は、1980年には26万2000トン、2005年には1544万2000トンまで増加したのである[27]。

今日、中国は世界最大の食用海藻の生産国だ。沿海部では中国の伝統医学がさかんで、それにともない海藻も漢方に利用されている。また、欧米の伝統医療に海藻が利用されてきた事例も積極的に研究している。ただし、今でこそ海藻は中国でさかんに利用されているが、何千年も前から海藻が日々の食事の中心にあった日本とは異なり、食用利用の歴史は浅い。つまり、中国の海藻料理はこれからさら

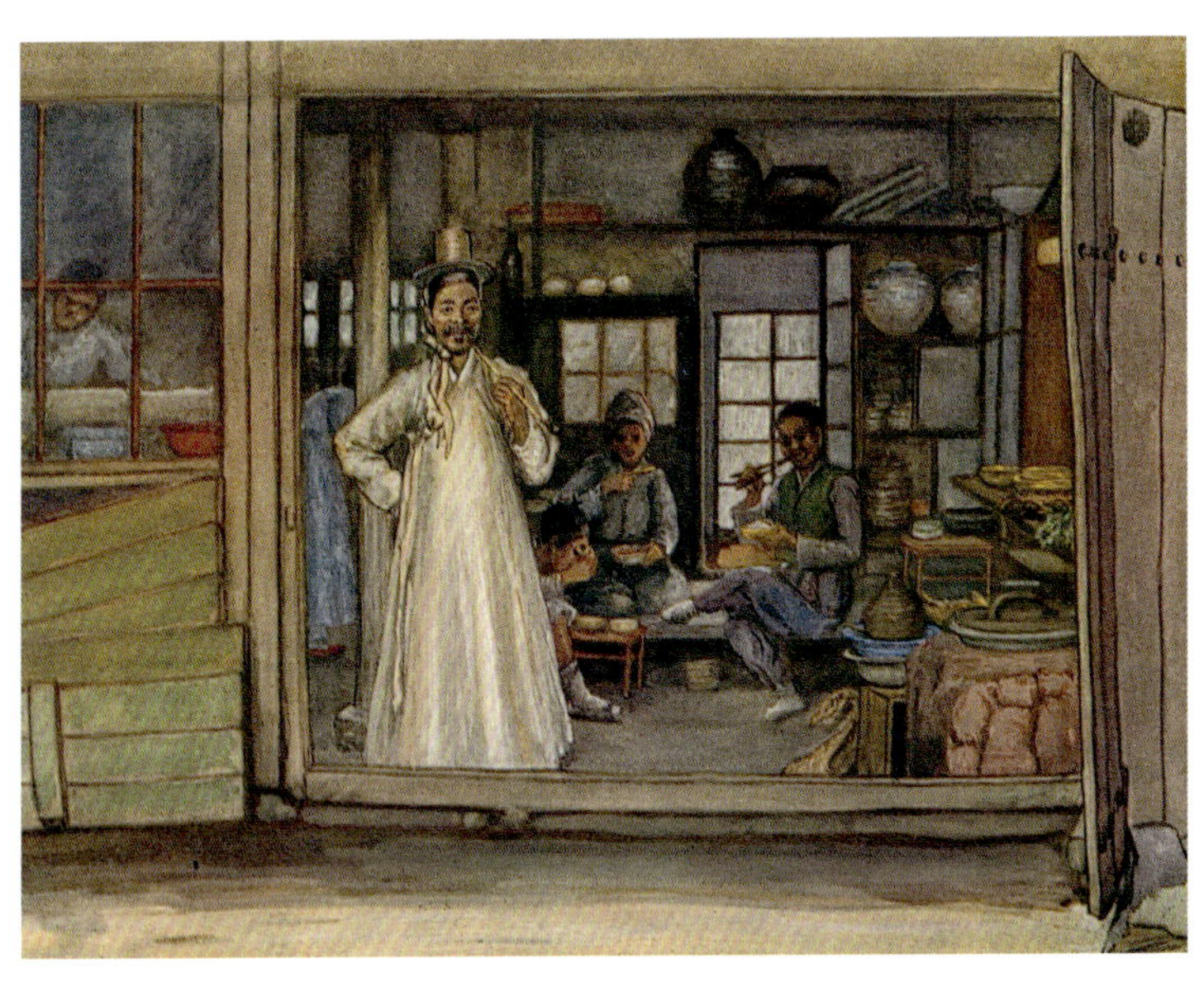

イギリスの女性版画家、エリザベス・キースが描いた昔の朝鮮半島の食堂。ヴィクトリア朝の旅行家イザベラ・バードが見たものと同様の光景。

に進化するとも言えるのである。

◉朝鮮半島の海藻

ヴィクトリア朝の果敢なイギリス人女性旅行家イザベラ・バードは1890年代に朝鮮半島を訪れ、元山（ウォンサン）［現在の北朝鮮南東部、日本海に面した港湾都市］にある条約港［条約や法令で、通商・貿易のために外国船に開放されている港］に船が到着したときから、いたるところで海藻を目にした。市場には海藻が積み重ねられ、干し魚や「食材として欠かせない」乾燥海藻の束を人夫が背にかつぎ、ソウルの町へと運んでいた。海藻は労働者向けの食材に使われ、道路沿いの宿や食堂では決まって海藻入りのスープや麵料理が出された。バードが感想を残しているのは、塩漬け海藻に衣をつけて揚げた料理だ。[28]

海藻は宮廷の料理にも使われていたが、バードが宮廷に招かれたさいの食事には出ていない。そのときの料理はすべて、異国からの客に敬意を表して――具を詰めたビーフロールやクルミのグラッセにいたるまで――「外国式」に調理されていたため、朝鮮王朝の宮廷料理(クンジュンウムシク)を口にすることはできなかったのだ。宮廷料理は今日復活し、韓国では重要無形文化財となっている。宮廷では、およそ24種類もの洗練された料理が毎回の食事に供され、つねに海藻のスープがついていた。[29]

朝鮮半島は中国と日本のあいだに位置している。過去2000年間、中国と日本が強力な隣国として存在したため、つねに政治的独立と食文化の独自性を保とうと奮闘してきた。そして朝鮮半島では昔から、透明度が高く冷たい海で海藻が生育し、宮廷への献上品と交易の品とされてきた。バードが訪ねた頃の朝鮮半島は、数世紀にわたり大きな影響をおよぼしていた中国に代わって日本の勢力が大きくなっていた時期にあたり、高じて1910年から1945年まで日本は朝鮮半島を統治した。そしてこの時代には、朝鮮王朝の宮廷の伝統は高級料理も含め目を向けられることはなかったのである。[30] 朝鮮半島は「大日本帝国の食糧供給地」となり、海外への日本の勢力拡大を支える食物を生産する役目を負った。[31]

朝鮮半島で「キム」と呼ばれるノリは天然物の採集が伝統だったが、日本人はこれを補うため養殖を奨励した。そして日本の養殖技法を導入し、日本式の食べ方を広めようとしたが、人々は反発した。こうした歴史をもつため、今日の韓国の人々は、外見上は似ている部分があるものの、自国の食べ物は中国や日本のものとは違うという強い思いがある。日本人が朝鮮半島に大規模生産の技術を持ち込んだ板海苔は、その最たる例だ。

板海苔は、油や液体調味料を軽く刷いてさっとあぶることで風味が増す。日本人はこれに醤油を使うが、韓国ではゴマ油を好む。韓国で人気があるのが海苔のスナックだ。糊のようになるまでしっかり練った飯を板海苔に薄く塗る。これを乾かして揚げると、ポテトチップスのようなぱりぱりとした食感の、すばらしくおいしいスナックになる。

韓国人は日本とは違い、海苔でさまざまな食べ物を巻こうとはしない。食べ物に巻くには板海苔に一定の硬さと厚さが必要だが、韓国人は軽く薄い板海苔を好み、こちらのほうが食べやすく、おいしいと思っている。海苔で巻く料理を作る場合でも、韓国では独自の方法をとる。「キムパプ」は韓国版の「海苔巻き」だ。だが「海苔巻き」のほうが板海苔は厚い。それに「キムパプ」は日本のものよりも太く、具がたっぷり入っている。何度も食べたことがある人なら見た目と味ですぐに違いがわかる。

スシが世界に広まると「キムパプ」も有名になってきたが、韓国では今も薄い「キム」をちぎって食べ物にふりかけるという使い方を好み、韓国一の人気料理「ビビンパ」でもこうする。「ビビンパ」は白飯、ナムル［野菜や山菜を塩ゆでして調味料で和えたもの］、牛肉、卵を用いた丼物で、熱い鉢に入って食卓に出され、食べる直前にかき混ぜる。中国のチャーハンよりもできたての味が楽しめる、というのが韓国人のアピールポイントだ。

キムパプ。韓国版海苔巻き。

ビビンパ。きざんだ海苔をのせる韓国人気の料理。

韓国独特のキムチのスシ

1970年代以降、韓国は文化を広めることで国家のアイデンティティを再確認しようとしてきた。とくに料理には力を入れている。韓国で日常的に作る料理は辛く、スパイシーで香りが強い。ゴマ、ニンニク、トウガラシの3つの香味料がよく使われ、4つの醱酵食品が味を補強する。テンジャン（大豆の醱酵食品）、ガンジャン（醤油）、ジョッカル（魚醤）、コチュジャン（トウガラシを使った醱酵食品）だ。[32] トウガラシは新世界原産の植物で、朝鮮半島に入ってきたのは欧米との接触が生じた16世紀頃と歴史はそれほど古くないが、トウガラシ抜きの現代韓国料理など想像できない。とくに、外国人にとっても韓国人にとっても「韓国」の象徴である、非常に風味豊かなキムチには欠かせない材料だ。ピリ辛の漬物であるキムチは白菜で作ったものが多いが、ほかにもさまざまな野菜がキムチになり、ぴりっとした味は韓国の多様な海藻料理にも利用される。

コンブはご飯その他の食品を包むことが多い。また、イワシエキスにひたす、干し魚をさいたものと一緒に醤油で煮る、ゆでて冷やしトウガラシペーストを添えて出す、揚げて付け合わせや軽食とするなど、さまざまに調理する。日中韓の料理を比較すると、日本と中国のものが韓国よりもあっさりした味に思える。

中国同様、韓国が海藻の商業養殖に力を入れたのは第二次世界大戦後のことだ。海苔の生産は、日本と同じく、キャスリーン・ドゥルー＝ベイカー博士の科学的発見に大きな恩恵を受けた（第2章参照）。今日、韓国は海苔の商業生産では世界第2位にある。そして韓国料理の刺激の強い味を応用し、味付け海藻スナックという新しい市場を開拓している。

韓国料理には、辛さにくわえて独特のスタイルがある。「素朴」、「飾り気がない」と表現するのがぴったりだろう。優雅さを特徴とする日本料理とは違って気取りがなく、また複雑な調理工程の中国料理と比べれば簡素でわかりやすい。韓国には「食べ物は薬である」という言葉がある。[33] 大自然から採集した食物、自国の土地と水で育ち、自国の調理法を使った食べ物こそ健康をもたらすという考えだ。古代から貴族層や宮廷詩人は飾り気のなさや素朴さを大事にしてきたが、海藻はその象徴だった。

バードが朝鮮半島を訪れた当時は、李王朝の王と王妃は「いずれ譲位して、プチ・トリアノン［ヴェルサイユ宮殿の庭園にある離宮のひとつ］のような古い広大な農場に移る予定だった。それはソウルの夏の離宮内の秘苑（ビウォン）にあり、そこで穀物、薬草、海藻を使った王妃手ずからの質素な食事を摂

韓国のワカメスープ「ミヨックク」。白飯、キムチ、海藻の和え物と一緒に。

り、くつろぎ」、そして詩に耳を傾けるのだ。[34] そこでは、14世紀の高麗（こうらい）歌謡「青山別曲（チョンサンピョルゴク）」の一節も謡われたことだろう。

　生きたい、生きたい、
　海のそばで生きたいものだ。
　カキ、ハマグリ、海藻を食べて、
　生きたいものだ、海のそばで。
　ヤルリ、ヤルリ、ヤルラション、ヤルラ
　リ、ヤルラ。[35]

韓国の海藻に対する特別な思いがよくわかるのが、ワカメのスープ「ミヨックク（miyeok guk）」だ。韓国の伝統料理では毎食スープが供され、スープの種類は数えきれないほどだが、なかでもワカメのスープは特別な位置づけだ。日本のスープのワカメは入っているかどうかわからないくらいの量であるし、中国の海藻スープはほかにもさまざまな具が入っている。だが韓国ではワカメだけがたっぷり入ったシンプルなスープが基本だ。「ミヨック（miyeok）」［ワカメ］と名のつく韓国料理はいくつかある。湯通しした生ワカメを使い、醤油で味付けし、千切りキュウリを浮かべる冷たいワカメスープの「ミヨックネンク」、湯通しした生ワカメを醤油、酢、トウガラシペーストで和えたピリ辛の和え物、「ミヨックムチム」。

だが韓国では、シンプルなワカメのスープ「ミヨッククク」がなにより重要だ。乾燥ワカメをもどして水を切り、スープで煮る「ミヨッククク」は、昔から産後の母体の回復のために飲むものだ。ある民話は、この習慣は、大昔に出産後のクジラがワカメを食べているのを目撃したことからはじまったのだと伝える。出産後にワカメを食べるかどうかは別として、クジラは実際に長生きだ。ワカメがもたらす健康と、長寿であるクジラのイメージが一緒になって、「ミヨック」は栄養があるうえに健康を守ってくれる非常に象徴的な食べ物となっている。産後に「ミヨッククク」を摂るのも、誕生日にこれからの一年を健康に過ごせるようにと「ミヨッククク」を食べるのもこのためだ。ワカメスープが宮廷で王や王妃に毎日供されたのも、王と王妃の健康を維持し、長寿を願ってのことだった。このスープはおいしいだけではなく、大きな効果をもつ調合薬ともいえるのだ。

第4章◉太平洋地域と南北アメリカの海藻

南太平洋東部のポリネシアの人々は、ハワイやサモア、トンガ、タヒチ、フィジー、アオテアロア（ニュージーランド）、ラパ・ヌイ（イースター島）へと渡り定住していったが、こうした太平洋の島々は海藻の取り引きの記録には登場しない。ニュージーランドとイースター島を除いては、南太平洋と太平洋の赤道付近は、ジャイアントケルプなど非常に冷たい海域を好む海藻の生育には海水温が高すぎ、世界各地に分布するアマノリ属の仲間が育つ海域でも、海藻は大きくは育たないため収穫量は少なく、輸出はされていない。しかし太平洋の島々の周囲ではさまざまな熱帯の海藻が生育し、この地域の伝統食では重要な食材であるし、今も海藻の名物料理がある。こうした海藻は比較的やわらかく繊細で、調理するのも生で食べるのも容易だ。また他の太平洋の島々と違いはあるものの、ハワイでは昔も今も、さまざまな工夫を凝らして海藻を食べている。

◉ハワイの海藻

果実は木から落ち、植物は大地から伸び、魚は網に飛び込んでくる――ハワイ諸島は苦労せずに食物が手に入るパラダイスのように思えるが、ポリネシアの島々の生態系は微妙なバランスの上に成り立ち、こうした生態系はつねに維持管理を必要とする。食物に関するタブーはこのためのものでもある。欧米の人々がハワイ諸島に到来する以前、この地の食資源の種類はかぎられていた。地力を疲弊させないように同じ土地で同じ作物を繰り返し栽培することは避け、魚は資源保護のために一定の季節にしか捕らなかった。

負担が大きかったのは島の女性たちだ。食物を確保するため、身分を問わずすべての女性が、上等な食べ物を口にすることが禁じられていた。豚、ココナツ、ウミガメ、ほとんどの種類のバナナ、高級魚は、男性が食べるものとされた。すべてのポリネシアの社会には食に関するタブーがあり、なかでもハワイのものが一番厳しかった。タブーは絶対であり、これを破ると命で償わなければならなかった。[1] 女性は、作物を植えること、栽培すること、そして調理することを禁じられていた。男性がすべてを行ない女性に食物を分配するのだが、男女一緒に食べることはできず、女性だけで食事を摂った。女性が自分たちで採集し食べることを許されたのは海藻と貝類だけであり、これは制約の多い食生活のなかでは貴重な栄養源だったので、さまざまな工夫を凝らして調理された。

ハワイの重要な創世神話である「クムリポ」には生命の起源が記されている。海藻は最初に生命

現在、ハワイでは保護動物であるウミガメ。「リム・パラハラハ」（アオサ）を食べている。ハワイの人々はこの海藻をきざんで、小型のムラサキイガイである「オピヒ」と混ぜて食べるのを好む。

を与えられたもののひとつであり、人に栄養を与え、そののち生まれたすべての魚と人に栄養を与え、守った。ハワイで見られる熱帯の海藻（リム）は200種にもおよび、ハワイ諸島の沿岸部はすべて、その地域特産の海藻で有名だ[2]。人気のある海藻を別の島へと移植して、特権階級向けの特別な「海藻園」で栽培することもあった。ハワイの人々がもつ海藻の知識は、魚の養殖にも生かされた。ハワイには高度な魚の養殖システムがあり、特殊な構造の池でボラなど特定の魚を育てていた。養殖魚は微細藻類を食べるため、人々は池でこうした藻類を繁殖させて魚の餌としたのだ[3]。

食用の海藻のほとんどは自然に生えているものを採集し、ハワイで「リムコフ」と呼ばれるカギケノリ（学名 *Asparagopsis taxi-*

formis）などの海藻は、特権階級しか口にできなかった。海藻を採集し調理するのは女性だったが、男性はその分け前にあずかる権利があった。ハワイの古いなぞなぞにもこうある。

小さな魚だけどはらわたがない。
でも生きている、食べるととてもおいしい。
酋長もそうではない人たちもとても食べたがる。
私はだれ？
答えは海藻。[4]

庶民が毎日食べるのは魚やポイ（タロイモのペースト）に「リム」であり、リムはおいしい付け合わせになった。海藻（リム）はすりつぶしたり、ゆでたり焼いたり、乾燥させて粉末状にすることもあった。[5]種類によってはある程度醱酵させて風味を出したり、海水に1日ひたしてヨウ素分を減らしたりすることもあったが、通常は採集後すぐに生で食べた。あっさりした味のサツマイモやタロイモに添えたり、きざんで、魚や豊富な貝類やシーフードとさまざまに組み合わせたりした。ある海藻は必ずタコと混ぜ、別の海藻は小型の貝「オピヒ」と混ぜた。魚と海藻の決まった組み合わせ方は数多くあった。「ククイ」（キャンドルナッツ）で作った「イナモナ」は人気の調味料だった。ククイの実を細かくきざんで海藻と塩と混ぜたものだ。ある欧米からの旅行者は、「『イナモナ』

はロシア産キャビアの風味に似ており、ハワイの人々はこれをポイや魚やロースト肉に添える」と述べている。(6)

ハワイ統一から間もない1819年、統治上の理由からカメハメハ2世が食物に関するものも含むさまざまなタブーを廃止すると発表してからも海藻を食べることへの情熱は失われず、毎朝、潮が退くと、岩礁や砂浜で海藻採りをする女性たちの姿が見られた。伝承歌にもこう謳われている。

とても美しい眺め
偉大な海
いつも親しみ愛情をもち
そこにはリポア（海藻）の香りがする
リムコフ［カギケノリ］を見つける喜び
海中の岩の上に
これを採る喜び
海にそよぎ浮くリムコフを(7)

海藻は今も大切にされ、ハワイ各地の市場で売られている。また、ハワイの海藻料理には世界各地の影響が見てとれる。この島はコスモポリタン的な文化をもつからだ。19世紀と20世紀には、日本、韓国、中国、フィリピン、南太平洋地域、東南アジアから移民がやってきては祖国の海藻料理を持ち込み、ハワイ風の料理にアレンジした。韓国人はハワイの海藻でキムチを作った。日本人は、ゆずや緑茶ではなくココナツミルクで羊羹（ようかん）のような菓子を作った。アメリカ人が持ち込んだレシピにも、ハワイで人気になったものがある。ジンをベースとしたカクテルのマティーニにはオリーブを添えるのが一般的だが、これを褐藻（かっそう）の一種、リム・リーポア（学名 *Dictyopteris australis*）に代えることがあるのもそうであるし、海藻味はポップコーンの人気フレーバーだ。(8)

ハワイでは、アメリカのどの州よりもスパムの消費量が多い。スパムとは、ホーメル・フード・コーポレーションが販売する、ソーセージの原料である豚肉を缶詰にしたものだ。スパムの食べ方はさまざまだが、一番の人気がスパム「むすび」だ。これは日本の「おにぎり」から生まれ、白飯をにぎって上にスパムのスライスをのせ、真ん中を海苔で巻いたもので、スパムは醤油につけて軽く焼いてある。地元の人々もおいしいハワイ料理だと認めるシンプルな軽食だ。

海藻を使ったハワイ料理には、フィリピン由来のものもある。フィリピンでスペイン、マレー、中国料理の影響を受けたのち、ハワイに入ってきた料理だ。なかでも、アジアがルーツの「ルンピア」（フィリピン風春巻き）はとても人気がある。春巻きのように揚げてもよいし、ギョウザのように蒸してもよく、どちらの場合も野菜とシーフードあるいは肉に海藻をきざんだものを混ぜて具にする。「グイサド」は植民地時代にルーツをもつ料理で、ライスヌードルか米、野菜、果物、魚

アメリカの食文化と融合したハワイのスナック、海藻フレーバーのポップコーン。

スパム「むすび」。大人気のハワイ名物。

ハワイの「アヒ・リム・ポケ」。これはマグロを使ったもの。

または肉を材料とし、油で炒めてスープをくわえて煮たものだ。きざんだ海藻でとろみをつけ、風味を出す。

だが地元の人にも旅行者にとってもハワイで一番人気の海藻料理といえば、昔ながらの「ポケ」だ。生の海藻をきざんで、鮮魚、ゆでた貝やタコを切ったものと混ぜ、さらに海藻とトウガラシで味付けし、ハワイ伝統の赤い塩「アラエア・ソルト」をふりかけたものだ。「ポケ」は、魚や海藻の通(つう)に熱狂的に支持されるようになり、ハワイとカリフォルニア州ではポケ・フェスティバルが開催されている。

ハワイの人々はことわざや言い伝えを好み、その多くに海藻が出てくる。また凛々(りり)しく心やさしいことで有名なある酋長は「リム・ヌイ」と呼ばれた。この呼び名はハワイの女性が採る見事な海藻(リム)にたとえたもので、女性なら、みなすぐに恋に落ちるほど素敵な男性であることを表している。だが海藻がすべて肯定的な意味で使われているわけではない。ハワイでは優柔不断な人を「アオサのようだ」と表現する。アオサは潮の動きに合わせて浮遊することも多いからだ。また目的もなく成り行き任せで生きている人を、海岸に打ち上げられた海藻にたとえる。[9]

海藻はハワイ伝統の治療法にも使われ、特定の海藻が、胸の痛み、発疹、背中の痛み、消化不良の治療や、癒やしの儀式に用いられた。なかでもヒジキの仲間である「リム・カラ」(学名 *Sargassum echinocarpum*) はとくに重要な海藻だった。「カラ」には「解き放つ」「自由になる」という意味がある。病気は悪霊がもたらすもので、その霊が体から離れないかぎり病人の回復は見込めないと考えられていた。このため病人のために「リム・カラ」で「レイ」を作り、病人はそれを首にかけて海で泳ぐ。「レイ」が首を離れて海に流されると、悪霊と病気もそれとともに体を離れるのである。「カラ」には「許し」の意味もある。

ハワイには「ホ・オポノポノ」という家族療法(ファミリー・セラピー)があり、家族が集まり輪になって悲しみや問題を語り合い解決した。そしてこの療法の締めくくりには、全員で「リム・カラ」を食べたのである。[10]「リム・コエレエレ」(学名 *Gymnogongrus sp.*) は食べると強力な媚薬として作用するといわれていたが、それには決まったチャント(詠唱)が必要だった。[11] 残念ながら、このチャントを知る人は残っていないようだ。

◉太平洋岸北西部の海藻

　ハワイから北北東に行くとふたたび太平洋のケルプ・ハイウェーにぶつかり、そこにはケルプを食料や住み処とする、数多くの魚や海洋哺乳類その他、さまざまな生物が存在する。ここは1778年にイギリス人探検家ジェームズ・クック船長が、3回目にして最後の航海を行なった海域だ。現在のオレゴン州［アメリカ西海岸］に到着すると、クック船長はそこから北のベーリング海峡まで航行した。クック船長の部下の記録によると、一行がベーリング海峡にいたるまでに目にしたのは、背が高く濃緑のスギが茂るうっそうとした森と、切り立つ崖と岩だらけの海岸が続く、陰気で気がめいるような光景だったという。[12]

　カナダからアメリカのワシントン州［アメリカ西海岸。ワシントンDCではない］、オレゴン州にかけての太平洋岸地域には、太平洋岸北西部［アメリカの北カリフォルニアからカナダ沿岸部を経て、アラスカ南部まで続く沿岸地帯］の豊かな海藻文化がある。トリンギット族、ハイダ族、クワクワカワク（クワキウトル）族、ギトガ族、ヌーチャーヌルス（ヌートカ）族その他、海沿いの村々には、彫刻を施したトーテムポールを立て、海に面した家屋に住む人々がいた。[13]

　ケルプが支えるこの地域の豊富な海洋資源については大昔の記述があり、数種のクジラやアザラシ、シャチ、ラッコ、セイウチ、アシカ、夏に産卵のためにやって来る5種類のサケや、オヒョウ、タラ、ニシン、ユーラカン（学名 *Thaleichthys pacificus*）［キュウリウオ科の魚で、サケやアザラシなど

浜辺のブルケルプ。カナダ、ブリティッシュコロンビア州バンクーバー島。

に捕食される」も大量にいたことが書かれている。またハマグリ、ザルガイ、ムラサキイガイその他の貝類も豊富で、海藻も山ほど採れた。沿岸部の人々は本来は狩猟漁撈採集民であり、海洋哺乳類の肉や魚をおもな食料とし、それを地元で採れる草の実や陸上植物、海藻で補っていた。生活は海に依存し、食用だけでなくさまざまに利用する海藻は、太平洋岸北西部の文化の中心にあった。

たとえば大型のコンブであるブルケルプは、昔から海岸から釣りをするときの釣り糸に利用されていた。真水にひたしたブルケルプの繊維を撚って強度を増し、特殊な結び方でつないで長い釣り糸にしたのだ。[14] この海藻の茎は網やロープ、銛やイカリをとめる綱にも利用され、魚油その他の保存容器にもなった。また若いブルケルプの茎と根元の部分は塩漬けにしたり生で食べたりもした[15]。

アオサをはじめ多数の海藻が採集されたが、食用の海藻のなかでも好まれたのが、この地域で育つ21種類のアマノリ属だった[16]。アマノリの採集はしっかりと統制がとれており、よい採集場のそばで「海藻キャンプ」を張り、各グループに採集区域を認めたり割り振ったりして作業をすることもあった。現代のように「一度に収穫」してしまうことはなく、よい採集場はいわば海にある農地であり、海藻が強く立派に育ち、長く収穫できるように一定の間隔をおいた作業を行なっていた[17]。理想的な状況のもとでは同じ採集場から1年に2度の収穫が可能で、2度目に採れた海藻のほうが味はよかった[18]。海藻を摘むのは女性の仕事だった。海に出る漁師が危険に気を配るのと同じく、海藻摘みも、潮や波の危険な動きを熟知しておくことが必要だった。

採集した海藻は広げて乾燥させ、雨に濡れないように注意する。完全に乾燥したら海藻の形を整えて保存処理するが、その方法は地域によって少しずつ違っていた。ギックサン族は、乾燥させた海藻に塩水をふってからスギの樹皮や地元で採れる植物の葉をあいだに挟みながら積み重ね、スギの箱に詰めた。その後重石（おもし）をのせてしばらくおくと塊となるのでこれを保存し、内陸部に住む人々との交易にも利用した。海藻が空気に触れて色と風味が変わるのを防ぐため、乾燥させた海藻をきざんで大きな容器に入れておき、必要な分量だけを取り出す工夫もした。

クワキウトル族は海藻をすぐに乾燥させることはない。敷物をかぶせて数日おき、少々醱酵させやわらかくしたのち、スギの枝を割って作った竿（さお）にかけて日光と風で乾燥させるのだ。乾燥させた

スギの箱、1875年頃のもの。太平洋岸北西部のハイダ族が乾燥海藻の保存に使用した。

海藻はスギの箱に詰めてしばらくおき、その後、特製のスギの枠において火であぶり、保存処理をする。海藻が茶色く色づいたら砕いてしっかりと閉まる容器に入れ、家のなかの乾燥した場所で保管した。[19] さらに北のアラスカでは、海藻をきざんでアザラシの油と混ぜてアザラシの膀胱に詰め、保存した。[20]

海藻の調理法は多数あった。クワキウトル族には、海藻を細くヒモ状に切り、それを少し噛んでから鍋に入れてしばらく煮て、魚の油をくわえるというものがあった。海藻が油をすっかり吸ってしまうとできあがりだ。これは朝、昼、晩、いつ食べてもよいが、朝は、干し魚やサケ、オヒョウを食べてから乾燥海藻を食べるという習慣があった。粉末状の海藻も同様にして食べた。クワキウトル族の人々は小さな鍋から直接食べ、温めた石を鍋に入れてなかの海藻が冷めないようにしていた（冷たいものを食べると体によくないと考えられていた）。ハマグリと海藻を一緒に煮た料理も好まれていた。アワビやザルガイ、それにキャビアと同じくらいの価値があったサケの卵も、海藻と一緒に煮た。[21] 太平洋岸北西部とアラスカで昔からごちそうとされたのが、魚が卵を産みつけた海藻だ。これは今もこの地域で大切にされている珍味であり、また日本にも「子持ち昆布」として輸出され、非常に人気がある。

海藻はアースオーブン［地面を利用した調理用の窯］料理にも使われた。穴を掘って石を並べ、たきぎに火をつける。石が十分に熱くなったら平らに並べなおしてその上に土を薄くかぶせ、その上に海藻を敷く。調理する食材を海藻の上にのせ、さらに木の葉や枝を置き、ふたたび海藻をのせて

アラスカ州シトカ産ケルプに産みつけられたニシンの卵。この地域の珍味で日本にも輸出されている。

上から敷物をかぶせる。最後に水をふりかけ、ひと晩おいて蒸すのだ。熱い石と海藻で蒸すこの方法は医療用の蒸し風呂にも使われていた。長いスギの箱に熱い石を入れて海藻を敷き、その上に体を毛布で包んだ病人が横になり、海藻から出る蒸気を吸い込んだ[22]。これ以外にも海藻を利用した治療法はいくつかあり、また海藻は嗜好品ともされていた。カナダのバンクーバー島北東部、フォート・ルパートやその他の地域では、乾燥させた海藻を「携帯して噛みタバコと同じように噛んだ[23]」。

太平洋岸北西部の伝統的な食事には海藻が使われ、加工食品とデンプン質が中心の現代食と比べると、健康的でバランスがとれたものだった。こうした現代食は健康に負の影響をおよぼしているし、持続性を考慮せずに行なわれる加工食品の生産は、太平洋岸北西部の海の生態系を脅かしている。この地域の環境を保護し、伝統的な食文化と食物への敬意や心身を健康にする食事を取り戻すことは、ファースト・ネーション〔カナダに住んでいる先住民のうち、イヌイット、メティ以外の民族〕の議会と人々が優先する議題だ。そしてその中心にあるのが、現代の生活に適した形で海藻の消費量増加を目指すことだ。

カナダでは、海藻をフードプロセッサーにかけ、これを枕カバーに入れて衣類乾燥機に入れるという新しい乾燥方法も行なわれている[24]。近年は持続可能な海藻の採集に関する若者向けの教室が開かれたり、ファースト・ネーションの料理本も刊行されている。その本にはファースト・ネーションの伝統料理と、健康的で体によい食べ方を現代風にアレンジしたレシピが掲載されている（海藻を詰めた焼きサケ、海藻のピクルスを添えたサケの直火焼き、魚と海藻のチャウダー、焼いた子持ち昆布など）。アメリカ、ワシントンDCの国立アメリカ・インディアン博物館に併設されているミシタム・ネイティブ・フード・カフェでは、こうした先住民の料理を提供して人気を博している[25]。

◉南へと向かう海藻

ケルプ・ハイウェーはアメリカの太平洋岸を南下しカリフォルニア州北部に到達する。ここには巨大な貝塚がいくつもあった。こうした貝塚は現代のさまざまな開発のためにすでに破壊されてしまったが、カリフォルニア州沿岸部に住んでいた大昔の先住民が貝を食べていた証拠でもあり、印象的な光景を作り出していた。カリフォルニア州といえば、多くの人がまず思い浮かべるのは南カリフォルニアのメキシコ料理かもしれない。しかしカリフォルニア州北部と中央部にも魚や貝類、天日干しした海藻などを使った名物料理があり、海藻はこの地で食べられるほか、内陸部に運び売られていた。カリフォルニアの先住民が海藻を採っていたメンドシーノ［カリフォルニア州北部の郡］地方は、今日も一大海藻産地だ。[26]

メキシコ（Mexico）料理にカリフォルニア（California）流のアレンジをくわえたカルメックス（Cal-Mex）には魚やシーフードのタコスがあり、「ジャパニーズ・ブリトー」と呼ばれることもある。メキシコ料理のタコスに使うトルティーヤ［トウモロコシ粉をこねて焼いたメキシコの薄いパン］ではなく、ノリで具を巻くからだ。また海藻のグワカモーレ（ワカモーレ）［メキシコ料理のディップソースのひとつ］もある。カリフォルニアは日本の鮨をいち早く取り入れ、独自のバリエーションを生み出している。スシを板海苔で巻くのが面倒だという人向けには、カリフォルニア・スタイルのパン・スシがある。米飯を平たく押し固め、その上に「ふりかけ海苔」（カツオブシ粉末ときざみ海苔、ゴマを混ぜたもの）を散らして、ポン酢とわさびマヨネーズを添えたものだ。

ケルプ・ハイウェーはメキシコと中央アメリカ沿岸の温かい海域に入るといったん途切れ、南アメリカのペルーの海域でまたはじまる。この地の古代インカ帝国［ペルー南部のクスコを中心に15～16世紀に繁栄したインカ族の国］では数種類の海藻が食べられていた。海岸地方からアンデス山地にあるインカ帝国の首都クスコまで、乾燥させた海藻の塊を人夫が走って運び、王や特権階級が口にしたのだ。今日海藻はペルーの新しい料理にさまざまな形で使われており、ペルーの名物料理で、地元でとれた新鮮なシーフードを使うセビーチェにももちろん生かされている。

ノリで包むタコス。カルメックス料理のひとつ。

カリフォルニアのパン・スシ

チリの市場で売られている海藻。乾燥させたブルケルプ、「コチャユヨ」と、網に詰めた乾燥「ルチェ」（学名 *Porphyra*）。乾燥ルチェはお菓子にも使われる。

さらに南へ行くとチリがある。ここでは、第1章で述べたように、先史時代に関する通説を書き換えたモンテ＝ヴェルデの遺跡と9種類の海藻の遺物が見つかった。チリでは今も海藻を食用としている。よく食べられているのは、モンテ＝ヴェルデでも見つかっているブルケルプ（チリでは一般に「コチャユヨ」と呼ばれる〔学名 *Durvillaea antarctica*〕）と、アマノリ属の一種である「ルチェ」だ。

ブルケルプは硬く、長時間煮たりゆでたりしないと食べられない。スペイン人船乗りで探検家でもあり、1557年のチリ探検隊の船団の一隻を指揮したコルテス・オヘアは、ブルケルプを調理する先住民を見てこう書いた。

太い大根のような硬い茎を灰のなかで焼いてやわらかくしてから、指の長さに切って5、6時間ゆでる。それに小麦粉をくわえてよくつぶし、鍋に戻して、1時間ほどカサガイなどの貝類と一緒に煮た。[27]

コチャユヨの調理法を覚えると、コンキスタドール［16世紀はじめに南北アメリカ大陸を征服したスペイン人探検家たち］たちは植民地のさまざまな料理に使い、そうした料理は今もチリ料理として伝わっている。たとえば、コチャユヨ・エンパナダス［具入りのパン］、コチャユヨ入りのラム肉シチュー、コチャユヨとジャガイモのシチューなどがある。[28] 野菜と合わせ、オイルとライムで和えたコチャユヨのサラダもおいしい。

南アメリカ大陸最南端には、荒涼としたティエラ・デル・フエゴがある。ここは南極大陸とは1000キロほどしか離れておらず、ダーウィンが「ビーグル号」航海記で書いたように、ケルプが密生する冷たい海にかこまれている。非常に寒冷な気候のこの地は農耕に適さず、漁業と狩猟、それに海藻を中心とする採集文化が発達した。沿岸に住む人々は海の産物を日々の糧とし、魚や貝類（とくに大型のムラサキイガイ）、アザラシ、アシカ、クジラ、ラッコ、海鳥などを獲り、そのすべてはケルプを食料とする生き物だった。

ゆでた「コチャユヨ」を使ったサラダ。チリ。

海に食料探しに出るときも、なくてはならないものがケルプだった。浜に上げたカヌーを海に出すときはケルプで作った綱で引っ張り、海に出れば、カヌーを海に生えたケルプにつなぎ、ケルプで作った釣り糸で釣りをした。浜でもケルプは日々の生活の中心にあった。家の屋根や壁の材料にし、敷物や衣類や保存用の袋もケルプで作った。小型の貝類はケルプを餌にし、ケルプについた貝を女性が採って食料にした。植物があまり育たない環境では、ケルプその他の冷たい海域で育つ海藻は、先住民と彼らが獲る海の動物にとって、なくてはならない食資源だった。

この地の環境は厳しくはあったが、ダーウィンが目にした当時は、沿岸の人々は力強く豊かに生きていた。ヨーロッパの人々との接触で、残念ながら先住民は感染症にかかり次々と命を落としたが、この地の人々が海藻のある環境をしっかりと活用して生きていた事実は忘れ去られてはいない。

19世紀末に南極探検の英雄時代［20世紀前半にかけて南極探検がさかんに行なわれた時代で、10か国が探検隊を送り込んだ］がはじまり、20世紀初頭にはイギリス人探検家アーネスト・シャクルトン卿が南極遠征に出た。その船はいく度か氷に阻まれたが、このとき生きながらえることができたのは、先住民の食べ物のおかげだった。1907年から1909年にかけてのシャクルトン卿の初遠征では激しいブリザード［極地方で発生する、猛吹雪を伴う強風］に足止めをくらったものの、このとき氷上に打ち上げられた大量の海藻は遠征隊にとって大きな恵みとなった。

1914年から1917年にかけての遠征では食料を現地調達しなければならなかった。隊員のひとりはこう記録している。「今日のスープはとてもおいしかった。煮込んだアザラシの背骨、カサガイ、海藻が入っている」(29)。結局食料は底をついてしまい、隊員たちは食べ終えて地中に埋めたアザラシの骨を掘り返しては、2回、3回と煮るはめになった。救助されるまで遠征隊が命をつなぐことができたのは、やはり海藻のおかげだった。船を見つけたのは、遠征隊の隊員たちがまさに海藻とカサガイのスープを温めていたときだ。彼らは貴重な食料の入った鍋をひっくり返し、飛び上がって海岸へと駆け出したのだった。

◉アイリッシュモス――カリブの媚薬

ケルプの森が広がる南北の冷たい海の中間には温かなカリブ海があり、ここはハワイと共通する特徴を多くもつ。カリブの島々では島民が熱帯の海藻を採り、食用としている。そして、植民地化される以前のカリブの住民や、南アメリカの先住民であるアラワク族の人々も同じように海藻を食べていた。カリブ海その他の海で育つカラギーナンは、カリブ地域に伝わる調合を施すと媚薬となることは広く知られているが、これは植民地時代のレシピをカリブ流にアレンジしたものだと考えられている。

「アイリッシュモス」とも呼ばれるカラギーナンからはカラギーナンがとれ、これは、加工食品はもちろん伝統的な料理にも、とろみをつけたり固めたりするさいに使われる。アイリッシュモスで作ったものが「男の飲み物」とされるのは、カラギーナンには食物を固める性質があるため、男性にも同様の効果があると考えてのことのようだ。乾燥したアイリッシュモスをひと晩水につけ、湯で1時間ほどとろとろになるまで煮て、濾したらひと晩冷蔵庫で冷やすというのがアイリッシュモスのドリンク作りの基本だ。翌日、アイリッシュモスから作った液体に、コンデンスミルク、ナツメグ、バニラ、シナモンなどの香味料をくわえ、液体がとろみがついた状態であればへらなどで、ゲル化して固まっていればミキサーで混ぜる。ラム酒をくわえることもある。これはカリブでは人気の飲み物で、ビン入りや缶入りの市販品がカリブ海地域の全域で手に入る。

◉ニューイングランドのクラムベイク

アメリカ大陸の大西洋岸を北上すると、ニューイングランド地方沖とカナダの大西洋岸地方の冷たい海域でケルプの森がふたたび現れる。初めて探検家や入植者が上陸した沿岸地域に関しては、当時の記録から豊かな食物事情が読み取れ、鳥獣や家禽、果物、野菜、そしてなにより魚が豊富だったようだ。1634年にはイギリス人著述家のウィリアム・ウッドも「季節を問わず、これほど多様な魚が捕れる国はない」と記しており、クジラ、タラ、オヒョウ、メルルーサ［タラに似た食用魚］、スズキ、ターボット［大型のヒラメの一種］、チョウザメ、小型の魚類、そしてウッドが「殻のない魚」と呼ぶ軟体動物を挙げている。[30] さらに、巨大なカキ、豊富なムラサキイガイ、そしてなにより、パンひと切れほどの大きさのものもあるハマグリは、現在にいたるまでニューイングランド沿岸地方が誇る名物だ。ロブスターもよく育っていた。もっとも大きなものは9キロ近くもあり、大量に獲れるので釣りの餌にも使われた。

先住民はこの地が豊かな海の幸に恵まれていることをよくわかっており、ジョン・スミス［イギリスの軍人、探検家、作家］も1616年に、「海の資源の豊富さは豊かな髪にたとえられる」と書いている。[31] このような新世界を称賛する言葉は入植者や投資家をひきつけるためのものではあったが、ニューイングランド沿岸部の海洋資源のすばらしさは誇張ではなかった。ただし海藻は例外で、スミスはほとんど触れていない。

ニューイングランド地方北部とカナダの沿岸部は世界最大の海藻生息地のひとつだ。ケルプ、ロックウィード、アオサ、アイリッシュモスその他の海藻が豊富に育ち、この地域沿岸のあらゆる植物や動物、それに人間の生活を支えてきた。だが初期の入植者は海藻を交易に利用できるなどとは思いもよらず、海藻は邪魔者である、よい屋根材が手に入るまで一時しのぎに海藻で屋根を葺いた、などといった記録しか残っていない。

ニューイングランド地方のなかでも、マサチューセッツ州南東部のケープコッドからロードアイランド州のナラガンセット湾までを居住地域としていたファースト・ネーションのワンパノアグ族は、東部森林地帯の生活様式を特徴とする部族だ。沿岸部と内陸部を移動し、季節によって陸と海の資源を十分に活用していた。女性はトウモロコシ、豆、カボチャを植えては収穫し、男性は狩猟に出た。夏には海辺に移動してテントを張り、イカやタコ、ロブスターを獲った。

海藻が豊富に採れる時期には、ワンパノアグ族は「アパノー(appanaug)」を行なった。[32]「シーフード料理」といった意味の「アパノー」は、特別な日に行なう、アースオーブン料理の宴だ。穴に並べた石が十分に熱くなったら、その上に採りたてのロックウィード(学名 *Ascophyllum nodosum*)をわらのように敷きつめ、ハマグリ、ロブスター、トウモロコシをのせてふたたびロックウィードで覆う。こうして、食材を海の香りの蒸気で蒸すのだ。

ワンパノアグ族は、ピルグリムファーザーズ[信仰の自由を求め、メイフラワー号に乗ってイギリスからアメリカへと渡った清教徒たち]が1620年に新世界に到着したときに出会った先住民であり、

ニューイングランドのクラムベイク。アメリカ先住民のアパノーから生まれた料理。

彼らは新しく来た人々に多くのことを教えた。そして穀物を植えるときには死んだ魚を埋めて肥料とすることなど、入植者が生き残るための知恵を授けてくれた。しかし彼らは、新世界に来た人々に「アパノー」を作らせようとはしなかった。初期の入植者たちはファースト・ネーションの調理法を信用せず、煮るか火であぶることしかしなかったからだ。また入植者たちにとってハマグリは粗末な食べ物でしかなかったし（豚を飼いはじめるとハマグリを餌にした）、海藻についても（ヨーロッパの人々と同じく）まともな食べ物とは見ていなかった。

初期の入植者がアパノーに参加したという記録は残っていない。だが19世紀に、同じ手順で作る料理がアメリカという国の誕生を象徴するものとなったのは皮肉な話だ。「クラムベイク」と名を変えたこの料理は、ヨーロッパから最初に入植した人々の困難と成功の象徴とされた。これこそ入植時代の料理と認められたクラムベイクは、ニューイングランドでは愛国心を表す人気料理となった。ある地域ではこよなくバーベキューが愛されているように、ここではクラムベイクがなによりも大事にされた。どちらもアメリカ人にとっては、7月4日の建国記念日と同じくらい重要なものなのだ。[33] そんなクラムベイクで、ジャガイモを使うかどうか、焼いた貝を溶かしバターにつけるかどうかでときに激しい議論が交わされはしても、全員の意見が一致することがひとつある。「ボイル」する場合は別として［場所や手間の都合で、ゆでて作る「クラムボイル」もある］、本物のクラムベイクには海藻がなくてはならない、という点だ。

どの料理にも言えるように、クラムベイクにもいくつかやり方があるが、本章で掲載するのは1949年に紹介されたケープコッドの伝統的なクラムベイクで、ジャガイモは使わない。[34] おそらくこれは入植者のレシピの再現ではないものの、アパノー（クラムベイク）は正真正銘ファーストト・ネーションの料理であり、そのおかげで、アメリカが誕生した頃の料理とされるものに海藻が使用され、今に残ることになったのだ。

一方アイルランドでは、主要な食物であるジャガイモの不作で1845年に飢饉が起こり、大量の移住者がアメリカへと渡ることになって、その多くはニューイングランド地方、とくにマサチューセッツ州に落ち着いた。移住者はアイルランドの食習慣も新天地に持ち込んだ。そのひとつがアイ焼き時間——45分はこのままにしておく。それからカンバス布をとり、上にのせたロックウィードを取り除く。うまく配置しておくと、焼きあがった食材はとても彩りがよく絵のようだ。濃いピンクになったロブスターがトウモロコシの黄緑色の皮と並び、白いハマグリがふちどりをする。どれもが目を楽しませてくれ、待っていた客も喜んでくれる。焼いている最中に漂うおいしそうな香りは、シーフード好きの人ならみな記憶に長く残ること間違いなしだ。

ハマグリは円のふちからかき集めて木の小さなボールや厚紙のパイプレートにのせるとよい。熱くなった石のそばには溶かしバターの缶と、個々にバターを注ぐための小さな紙コップを用意しておく。塩入れも用意しておいたほうがよい。

注意——若鶏やロブスターを買うときは、標準的な焼き方に適した標準サイズのものにする。450～700グラム程度で、大きすぎるものにしないこと。

クラムベイクのときのフルメニュー——ホンビノスガイ（大型のハマグリ）のチャウダーに、黄金色のポーク・スクラップ［豚ひき肉で作ったパンに塗るスプレッド］と、バターを塗ってトーストしたクラッカーを添える。ハマグリ、ロブスター、トウモロコシその他のホットロール。バニラアイスクリーム添えブルーベリーパイかアップルパイ。コーヒー。子どもにはコーラ、大人には冷たいビール。

◉ケープコッドのクラムベイクの作り方（1949年）

地面に石で円形の台を作る。石の種類は問わないが、大きさはキャベツくらいのものが最適。直径1メートルほどの円になるよう石を並べ、30センチ程度の高さにする。その上にたきぎを積んで火をつける。少なくとも4時間は燃え続けるようにたきぎを足していくこと。燃え尽きたら燃えさしをすべて取り除き、熱くなった石だけを残す。その上に15～20センチほどの厚さにロックウィードを敷く。たきぎを燃やしている間に調理する食材を準備する。

ロブスター――大きな四角形のチーズクロス［目の粗い薄地のガーゼで、もとはチーズや肉を包むのに使われた］を用意し、その上に3～4匹並べる。クロスの四隅を結ぶ。こうしておくと、あとで熱いロックウィードの上から取り出しやすい。

トウモロコシ――内側の2枚を残して外皮をむく。ロブスター同様、クロスに3、4本のせる。

若鶏肉や魚など――平らになるように切り、ロブスターやトウモロコシと同様にクロスに包む。ハマグリやカキやムラサキイガイを焼くときは、海水で十分に砂や泥を洗い流して、クロスに包むときに泥や砂が入らないようにする。

並べ方――中央にはなにもおかず、円に沿って食材をおいていき、見た目の楽しさを出す。円の内側からはじめて、トウモロコシとロブスターを隣り合わせに並べる。その他の食材も同じように円状に並べていく。最後に、円の一番外側に（熱が一番弱い部分）ハマグリ、カキやムラサキイガイなどの貝類をおく。

全体に10～15センチほどの厚さにロックウィードをかぶせる。次にその上全体に、地面まで届く大きさのカンバスの布をかぶせ、ふちに石をおいてしっかりと固定する。蒸気を逃さないためにこれは重要だ。↗

アメリカのDLTサンド。焼くか燻製にしたダルスと、レタス、トマトをはさむ。

リッシュモス（カラギーン）であり、これを採集して売り、料理を作った。

マサチューセッツ州の州都ボストンのアイルランド料理にはアイリッシュモスを使ったものが多数あり、カラギーナンで固めたプディングやとろみをつけたシチューは有名だ。この地方の海にアイリッシュモスが豊富に生育することを発見したアイルランド移民は海藻採集事業をはじめ、これは「モシング（mossing）」［moss はアイリッシュモスなどの海藻類を指す言葉］と呼ばれた。1970年代まではさかんだったものの、極東からの安価な輸入海藻に押され、その後こうした事業は姿を消した[35]。

しかし、現在アメリカの東西両岸には食用海藻の採集事業を手がける企業が多数生まれており、その事業内容は、クラムベイクや肥料の材料や、フィココロイドを扱う産業向けに海藻を供給するのにとどまらない。これらはファースト・ネーションの人々がかつて海藻を採集し、今も海藻を食用としている地域でもある。また新しいアメリカ風海藻料理には、世界の伝統的な食を取り入れていることが明確にわかるものもある。日本とアジアの食文化を取り入れたものがあり、いくつかの文化を融合させたスタイルのものがある。またベジタリアンやマクロビオティック向けの調理法も使われている。ソテーやスープ、シチューなど、ごく普通の料理に海藻をくわえるという王道的な使い方もあれば、ＤＬＴサンドという、ＢＬＴ（ベーコン、レタス、トマト）サンドをもじったおもしろいものまである。これは紅藻類のダルス（dulse）とレタス（lettuce）とトマト（tomato）のサンドイッチで、ベーコンの代わりにダルスを焼くか燻製にしたものを使う。そうするとベーコンのような味がするのだ。

19世紀にはアメリカ全土でダルスが食べられていたわけではなく、フィラデルフィアなどアイルランド移民が非常に多い地域で時折食べられる程度だった。しかしカナダの大西洋沿岸州では、ダルスを使ったものが伝統料理となっている。ここはアイルランドとスコットランドから多くの移民がやってきた地であり、彼らはダルスをよく食べていた祖国の習慣——料理はもちろん赤ちゃんのおしゃぶりにも使った——を持ち込んだのである。乾燥ダルスは今もこの地で人気のスナックだ。[36]

海藻と魚が豊富な沿岸州は、今もこの地に住むファースト・ネーションのミクマック族の故郷でもある。彼らは昔から、魚、貝、甲殻類、海藻のなかでもとくにダルスとケルプを食べていた。ミクマック族にも独自のクラムベイクがあったが、沿岸州の入植者は、貝や甲殻類は焼く（ベイク）よりもゆでるほうが多かった。ムラサキイガイを調理する場合も、ケルプのあいだにはさんで鉄の

「ダルサー」と呼ばれるダルス採りの人々。カナダ、ニューブランズウィック州。

大鍋に入れ、海水を注ぎ20分ほどゆでるという調理法が好まれた[37]。初期の入植者が食べていたのは、干した塩タラや生のタラやサケにジャガイモや塩漬け豚肉や乾燥ダルスを添えた、漁師飯ともいえる簡素な食事だ。

しかし今日の沿岸州は、地元の食を体験するツアー目当ての観光客がやってくるまでになった。ツアーのテーマは、この地域の透明度の高い冷たい海で獲れる豊富な魚やシーフードを使った創作料理だ。観光客は、ロブスターやホタテガイやカキのチャウダーにダルスを入れるなど海藻をうまく活かした料理や、魚貝類をたくみに使った料理を存分に味わう。そしてファンディ湾に浮かぶグランド・マナン島は海藻の採集と輸出業がさかんであり、「世界一のダルス産地」として有名である。

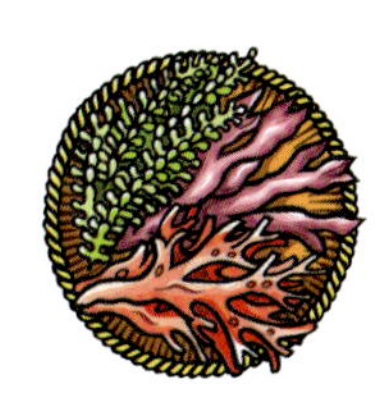

第5章 ◉ イギリス諸島と北欧の海藻

アイルランド、ウェールズ、スコットランドは昔から海藻を食べ利用してきたが、そこには、地域や国のアイデンティティによる違いがある。海藻は、ヴァイキングが飢えをしのぐための食料として8世紀にイギリス諸島［ヨーロッパ大陸の北西、大西洋上にあるグレートブリテン島とアイルランド島および、その周囲の島々］に持ち込んだとか、海藻を食べるのは飢饉のときだけだったというような誤って伝えられた説が多いものの、海藻が古代から利用されていたというのは事実である。

この地域の沿岸部における大昔の狩猟、採集、漁撈の生活様式は今ではおおむね判明しており、この時代には草木の実や地衣（ちい）類、海藻の採集も行なわれていた。沿岸地域で農業が行なわれるようになると、やせた土壌が多かったため畑に海藻を敷いて堆肥代わりにした。この方法はスコットランド沿岸地域、北海、チャネル諸島［フランスのノルマンディー半島の沖合、イギリス海峡にある島々］、そしてフランスのブルターニュ地方からさらに南まで、大西洋の沿岸地域で長く行なわれた。その

海藻を採る人々。チャネル諸島のひとつガーンジー島では、肥料に使う海藻を「ブレイク」と呼んだ。19世紀末撮影。

多くは20世紀には絶えたが、現在では有機農法として復活しつつある。

海藻には利用価値があったため、一般的に無料では海藻採りはできなかった。地元の領主や地主が領地権を強硬に守ろうとし、所有地で海藻を採る人たちから料金を取りたてたのだ。今日のイギリスでも、海岸での海藻採集は地権者の許可を得る必要がある。(1)昔、領主や地主は価値のある物品や権利を教会に寄付することで神の恵みを得ようとした。このため教会は最大の海藻採集者にして管理者となり、農民に海藻を売る一方、海藻を教会が所有する荘園の畑の肥料とした。こうして海藻は大勢の修道僧たちの生活を支え、僧たちは海藻を食用ともしていた。

アイルランドの聖ブレンダン［7年をかけた航海に出たとされ、船乗り、旅行者の守護聖人］は6世紀に長い航海に出たが、海上での食料とするため乾燥させたダルスを持参したといわれている。今日では、ダルスはビタミンCが豊富で、壊血病予防［壊血病はビタミンC欠乏症で、大航海時代には多くの船員がこれで命を落とした］の効果があることがわかっている。陸地では、僧たちは豊富に採れる海藻を貧しい人々と分け合った。アイルランドの聖コルンバの作とされる6世紀の詩篇「聖コルンバの祈り Prayer of St Columba」にも書かれているとおりだ。聖コルンバはスコットランドのアイオナ島に修道院を作り、アイルランドの守護聖人にもなった。

私に日々の労働をさせたまえ
ダルスを集め
魚を獲り
貧しい人々にこれを与えさせたまえ(2)

●アイルランドの海藻

だがこの祈りからは、海藻は簡単に食べられるものではなかったという一面も見えてくる。海藻は大切な食物だった。7世紀のアイルランドの法文書「クリース・ガヴラハ Críth Gablach」には歓待の規則が記されてあり、一定の地位にある人々の訪問を受けたときにはダルスを供すべきとしている。(3) また家畜こそが富とみなされていた中世初期のアイルランドでは、「利益を生む岩場」のある海辺を所有していれば、その土地には牛3頭分に相当する価値がくわわると評価されていた。「利益を生む岩場」とは、つまり海藻や貝類が採れるということだ。[4]

海藻を食べることは大きな喜びであり、11世紀あるいは12世紀の作であるアイルランドの物語詩「マッコングリニの夢想 The Vision of Mac Conglinne」にもそれがわかる描写がある。[5] コークの修道院で歓待を受けられなかった主人公は、望めるかぎり豪勢な料理を夢想する。全身が食べ物からなる魔法の馬が登場し、脚はカスタード、ひづめはパン、目はハチミツ、鞍はずっしりとした塩漬け肉で、これには細菌の繁殖を防止するために海藻を燃やして作った硝石がもみこんである。そして尾はダルスで、毎日ひとにぎりのダルスを7回まで引き抜いて食べられるのだ。

「ジャガイモ、子ども、海藻」。女性が大事にするものを挙げたアイルランドの古いことわざからも、日々の生活における海藻の重要性はわかる。[6] アイルランドには海藻が豊富で、周辺の海には500種類もの海藻が生育している。人々は、さまざまな危険が潜む海で大変な苦労をしつつ、海藻を採っている。[7] 農地の肥料にする海藻は岩場で採集し、ロバに負わせるか人が肩にかついで運んだ。岩だらけの海岸は足場が悪かったが、やわらかい砂地に岩が隠れている場所よりはましだった。そうした場所で不用心に足をとられると、骨折したり、満潮につかまったりする。

浜辺から離れた岩場の海藻は、アイルランドの伝統的な小舟（カラック）で海に出て採集する。荷を積みすぎればつねに転覆の危険があり、またアイルランド西岸沿いには安全に舟をつけられるところは少なかった。海藻採りの人々は潮の動きを慎重に読んで、沖に流されたり岩に乗り上げた

アイルランドの海岸で海藻を燃やす光景。20世紀初頭。

り、海に飲み込まれたりしないよう注意しなければならなかった。海藻採りの老人はこう言った。「ああ、海はいつも腹をすかせてる。だから大勢が海で命を落としてるんだ(8)」

アイルランド西岸のコネマラ地方の沖は海藻が豊富で、ケルプの仲間のメイウィードやオールウィード、シースパゲッティ、ブラダーラック、ロックウィード、ヒバマタの仲間シーオーク、コンブ科のファーベロー、シーベルト、ヒバマタ属のソーラックやチャネルドラックほか、多くの種類が採れる。こうした海藻は畑の肥料となり、またこのおかげで海藻関連の産業が生まれ、19世紀に栄えたのである(9)。当時は浜辺で海藻を燃やしてソーダ［海藻を焼いた灰に含まれ、ガラスや石けん、食品などさまざまに利用される］とヨウ素を取り出し、沿岸部のコミュニティの大事な収入源となっていた。こうした光景が見られることはめっきり少なくなってはいるものの、今もアイルランドにはケルプを活用す

カラギーンを使ったプディング。煮込んだルバーブ［独特の香りと酸味をもつ、見た目はフキに似たタデ科の野菜］を添えて。周囲にあるのは乾燥カラギーン。

る伝統が残り、また急成長するバイオケミカル産業が海藻に注目しつつある。

ダルス（学名 *Palmaria palmata*）やカラギーン（学名 *Chondrus crispus*）はアイルランドで好んで食べられる海藻だ[10]。アイリッシュモスとも呼ばれるカラギーンは通常は食物として口にするのではなく、採集したら乾燥後に煮て、とろみをつけたり固めたりする性質をもつ物質（ゲル化剤）を抽出する。アイルランドの西岸では、浜辺や、干潮時に沖合の岩場でカラギーンを採集した。魚籠（びく）やカゴ、袋、バケツをさげた海藻採りの人々が、腰から下を冷たい海に入れて、「両手でできるだけ多くのカラギーンを採った[11]」。

摘んだときには黒いカラギーンは、広げて天日干しすると赤から白へと色が変わっていく。今日では加工食品の生産ほか、さまざまな産業で安定剤や増粘剤［食品にとろみや粘り気をだす］、凝固剤として利用されているカラギーンだが、もともとは家庭で作る甘くおいしいプディングを固めるのにもっぱら使われていた。アイルランドは昔も今も酪農がさかんな国であり、カラギーンは、どちらもアイルランド伝統のメニューであるミルク・プディングやブランマンジェ［アーモンドを挽いて濾した牛乳状の液に砂糖や香料、生クリームなどをくわえて固めた冷菓］、さらにはフルーツゼリーやおいしいムース類を作るのに欠かせない。また今日では、動物由来のゼラチンを避けるヴィーガンやベジタリアン向けという新たな市場も生まれている。

カラギーンは、民間療法でも大いに活用されていた。咳や不眠、喘息、消化不良には、牛乳とカラギーンを一緒に煮立てた熱い飲み物を飲ませた。またこれにウイスキーをくわえることもあった。市場はつねに特徴的なフレーバーや体によい性質のものを求めており、カラギーンがもつ繊細な味や体を「丈夫にする」効能に注目し、この昔ながらの素朴な飲み物から新しいオリジナルカクテルやトディ［ウイスキーやブランデーに甘味をくわえて水で割る飲み物］が生まれている。

アイルランド西岸には赤褐色のダルスが数種類ある。なかでも最高級品が「シェルダルス（An Chreathnach）」であり、ムラサキイガイが餌にするこのダルスは、大変な珍味とされている。[12] ダルスは春から秋にかけて海岸や沖合の岩場で採集するが、ダルスを噛みながら作業することが多く、これはダルスを味わうことと病気の予防とをかねている。採ったダルスは一冬もつように乾燥させ、大切な保存食として多くの料理に使われる。

「アイルランドの苦行——クレア州の海岸で食用の海藻を採る光景」。イラストレイテッド・ロンドン・ニュース紙より、1883年。

ダルスはさまざまに調理することができる。揚げても煮ても焼いても煮込んでもよく、またきざんだり挽いたりしてから小麦粉に混ぜれば、おいしいパンやキッシュやビスケットにもできる。バターと混ぜれば風味豊かでおいしいスプレッドにもなる。病院に友人や家族を見舞うときには、少しずつかじれるダルスをもって行くことも多い。ブドウを見舞いの品にもっていくのと同じような感覚だ。

北アイルランドで昔から人気のダルスチャンプは、つぶして牛乳とバターを混ぜたジャガイモに、ゆでたダルスをきざんでくわえたマッシュポテトだ。他の乾燥海藻もそうだが、スープにはもどした乾燥ダルスがよく使われる。「健康」や「活力」といった意味をもつ「クルアサハ（Cruasach）」は海藻で作るスープのような煮込み料理で、シェルダルスなどの海藻とヨーロッパタマキビガイ［小型の巻貝］やカサガイを使う。これも海藻と貝を組み合わせた料理の一例だ。[13] また100年ほど昔からある、ダルスを牛乳、バター、塩、コショウでやわらくなるまで3～4時間煮込むという簡単な料理は、オートケーキ［オーツ麦で作ったビスケット］やブラウンブレッド［小麦の皮や胚芽を除かずに製粉した全粒粉と小麦粉で作った褐色のパン］と一緒に食べることが多い。[14]

こうして食事用の料理にする一方で、コネマラ地方では、「大量の酒をぐいぐい飲んでもすぐにしらふに戻れるように、大酒飲みがダルスのスープを作る。また塩をふいた乾燥ダルスは、グラスを重ねるあいだに噛むと体によいつまみとなる」[15]。乾燥ダルスは酒飲みに人気があるだけでなく、昔も今もさまざまな場面で食べられるスナックで、アイルランドのストリートフードのはしりだ。

普通の商店でも祭りの屋台でも、なにより競馬をはじめとするレース会場でも売られている。人気の詩、「カアーサイビーン・レース *The Cahersiveen Races*」［カアーサイビーンはアイルランド島南西部、ケリー州の町］に出てくるとおりだ。

テントや日よけの傘が並ぶ
あらゆる人々が集まって
ダルスや貝や肉汁たっぷりの豚足を売る
そして大きなペギーズ・レッグ［アイルランドの菓子で、スティック状の茶色のトフィー］
きょうはカアーサイビーンのレースの日(16)

だがダルスの長い歴史には悲しい話もある。ジャガイモが凶作の年、内陸部の人々は生き延びるために食べ物を探して沿岸部へと移動した。今もアイルランドの西岸に残るムラサキイガイの貝殻の山は、先史時代の貝塚ではない。飢饉の頃のものだ。彼らが浜辺まで行ってダルスを採ったのは、それ以外に食料にできるものがあまりなかったからだ。このジャガイモ飢饉の時代の記憶が悲惨なものであるため、海藻はアイルランド人が日常的に食べる貴重な食材というよりも、飢饉のときの食べ物だというイメージが今も強いのである。

◉ウェールズの海藻

イギリスでもっとも海藻の消費量が多いのがウェールズだ。ウェールズ人はラバー（アマノリ）（学名 *Porphyra*）が大好きで、ラバーは沿岸部の伝統文化でも重要な位置を占めている。ウェールズの詩人および作家のディラン・トマスが書いた劇『ミルクウッドのもとに』〔宇井英俊訳／池上書店／1975年〕では、遭難して亡くなった船員が現れて、陸の上では昔と同じなのか知りたがりこう聞く場面がある。「おかの景気はどうです？　今でもラム酒やラバーブレッドはありますか？　かわいいおねえちゃん達はどうしてます？[17]」

冷たく透明度の高い海が続くウェールズの長い海岸沿いに、ラバーは豊富に生育している。それはロスナイグルの村も同じで、ここで1930年代にキャスリーン・ドゥルー＝ベイカー博士がラバーを採集し、ついにその一生を解明した。サウスウェールズも広い河口に恵まれ、名物の小型のハマグリであるザルガイに最適の生育環境だ。そして生育場所が非常に近く、ザルガイと共生しているのがラバーだ。ドゥルー＝ベイカー博士は、アマノリ属の胞子が海底にいるザルガイの殻に着くと非常によく育つことを発見した。この大発見によって、アマノリ属の理想的な生育環境を作ることが可能になったのである。

沿岸地域の社会によく見られるように、ウェールズでも男性と女性には仕事の分担があり、男性は漁に出、女性はラバーやザルガイを採集した。女性の仕事は――『ミルクウッドのもとに』で「手

サウスウェールズの、ラバーと貝を採集する「手足に水かきのできている貝採り女」たち。19世紀末。

足に水かきのできている貝採り女」と表現されているように——とても厳しいことで知られていた(18)。女性たちは夜明け前に家を出ることも多く、流砂や潮に流されないよう気をつけながらはだしで海岸や干潟を歩き、ラバーや貝を袋いっぱいに詰めるとロバの背や荷車にのせて村に戻る。満ちてくる潮を背に、向かい風を受けながら歩くことも多かった。浜辺の小屋に着いたらまずは大鍋でザルガイをゆで、次に彼女たちが「草」と呼ぶラバーをゆでる。乾燥させずに煮込むのがウェールズ流だ。ねばりが出るまで6時間ほど煮ると、濃い緑色のおいしいペーストができる。煮詰まってきたラバーは、長いへらでひんぱんにかき混ぜる必要があった。貝採りの老女が述懐したように、「海で舟をこいでいる」ようにも思える大変な作業だ。

ザルガイとラバーをゆで終えた女性たちは、それらを市場に出し、また家々に売って歩いた。

人々は好んでザルガイとラバーを一緒に買い、このふたつをウェールズの伝統に根ざした「オールド・ミール（昔ながらの食事）」と呼んだ。これは今日でも「ウェールズ流の朝食」でよく見る組み合わせだ。朝食には必ずラバーがつき、ザルガイをベーコンの脂で焼いたものが好まれる。これ以外にラバーと一緒に食べるウェールズ名物といえば、ラム（子ヒツジ）肉だ。ラム肉はウェールズの特産品として有名だ。とくに塩性湿地［海岸に近い、水が塩分を含む湿地や沼地］の牧草を食べて育ったラム肉は最高級品と認められている。塩性湿地産ラム肉のローストには、ラバーで作ったソースを使う伝統がある。海の風味がする肉とソースの組み合わせは完璧だ。

ウェールズにも、貧しい時代を伝える話がある。19世紀にウェールズにやってきた貧しい鉱山労働者や工場労働者の家族が唯一口にできるのがラバーだった、というものだ。とはいえ海藻はイギリス各地と同様にウェールズでも古代から食べられており、イギリスを訪れた旅行者の記述にもよく登場する。イギリスの歴史・地誌学者であるウィリアム・カムデンの著書『ブリタニア *Britannia*』の1772年版には、ウェールズで目にしたものがこう書かれている。

この国のいくつかの地域に海藻から作る食べ物がある……ある種の海藻を採り、それでラーヴェン（Lhaven）またはラウヴァン（Lhawvan）と呼ぶものを作る。これはイギリス風の黒いバターだ。海藻を採集したらよく洗って砂や泥を取り除き、2枚のタイルではさんで水分を取る。それから細かくきざんで、パン生地を作るときのようによくねる。大きく丸めて生で食べるか、オー

ウェールズの伝統的な朝食。左は新鮮なラバーを使ったラバーブレッド。手前は「ウェルシュマンズ・キャビア」、つまり目玉焼きの上にふりかけた乾燥ラバーのフレーク。

トミール［オーツ麦を平らにつぶして調理しやすくしたもの］と一緒にバターで焼く。肝臓や脾臓の病気によく効くといわれている……。[19]

この調理法では、今日ウェールズで一般に食べているものよりも硬いラバーができる。[20]

12世紀、司祭であり歴史家でもあるジェラルド・オブ・ウェールズ（ジラルダス・カンブレンシス）はウェールズ料理についてこう述べている。「キッチンでは多くの料理を作るわけではないし、しっかりした味付けで食欲をそそるわけでもない」。伝統的なウェールズ料理は、いわゆる「簡素な料理」と呼ばれるものがほとんどで、ラバーについては煮込む以外の食べ方をすることなど論外だった。ただし、傍目には同じものに見える煮込んだだけのラバーも、ウェールズ人にとっては、「ラバー（ウェールズ語でラウル［lawr］）」と呼んでこれだけを食べるものと、オートミールと混ぜたりケーキを焼くときにくわえたりする「ラバーブレッド（ウェールズ語でバラ・ラウル［bara lawr］）」は、厳密に区別すべきものだった。とはいえ今日では、このこだわりは以前ほど強くはない。

古い世代の多くは、ラバーはウェールズの象徴的食物でありウェールズらしさのシンボルだという意識が強い。「この地の原風景であるゆるやかに起伏する荒涼とした湿原や、甘美な男声合唱、そして世界一長い名をもつ村と並び、ウェールズを代表するもの」なのである。[21] 昔から缶詰のラバーが売られ、現在では真空パックのものもあって、ウェールズを離れてもラバーを食べることは可能だ。故郷に戻ってきたら最初に食べたいものとして多くの人がラバーの名を挙げ、また出ていくときには必ずもっていくもののひとつだ。このため、ラバーは「ヒライスの草」と呼ばれることもある。「ヒライス」とは、故郷を懐かしみ戻りたいと願う、「望郷」を意味するウェールズ語だ。[22]

ウェールズのラバーは、食べ物の流行り廃り（はやりすたり）がよくわかる例でもある。1970年代以降、若者のあいだでラバーの消費量は減少した。当時は地域を挙げて、ウェールズは現代的でコスモポリタンの地だと熱心に宣伝した時代であり、若者には、ラバーが流行おくれで田舎の食べ物に思えたからだ。ウェールズの人々はラバーに抱いていた誇りを失ってしまい、ウェールズ料理はラム肉にリーキ［日本のネギに似た野菜］にラバーだけではないのだとアピールすることに熱心だった。またスシがウェールズに紹介されると――スシに使われているのも同じアマノリ属の仲間なのに――スシに夢中になってラバーの消費量は減った。だが自然食品や地域の産物に回帰する風潮が生まれ、

「テロワール」やカリナリー・ツーリズム［地元の食をさまざまな形で体験する、食を目的とした旅行］が評価されるようになった近年では、ラバーの消費量が盛り返してきている。

今日、ラバー関連の産業はすっかり現代化している。スウォンジー湾では筏を使ったラバー養殖が進められており、ウェールズ産ラバーは日本まで輸出され、日本の食通たちに認められている。地元のシェフたちはウェールズ産ラバーの伝統にとらわれない新しい食べ方に取り組み、さまざまな創作料理を生み出した。ラバースフレやラバーを使ったパスタソース、海藻のスナックや藻塩、海藻の薬味も登場している。ウェールズのおふくろの味「カウル」を元に作った「カウル・ラウル」は、ラバーを使った海藻スープだ。手摘みの海藻を漬け込んだ海藻のジンもある。ウェールズが誇る伝統的食物の地位に返り咲いたラバーは、色こそ濃緑色だが、ウェールズの新たな黄金［ウェールズでは良質の金が採れる］となっている。

◉イングランドの海藻

イングランドには海藻を食べる伝統がないと思われがちだ。だが先史時代には、海藻の生育に適したイングランド沿岸部では食べていた習慣があったようだ。有史初期に海藻を利用していたことをうかがわせる言葉が残っているからだ。「古期英語類義語辞典 *A Thesaurus of Old English*」には現代では使われていない言葉が収められており、そのなかに海藻に関する単語が5つ含まれていることから、海藻は食物や薬として身近な存在だったのではないかと思われる。[23] 10世紀に編まれた「アングロ・サクソン治療書 *Leechdoms*」にも海藻を使った薬が出てくるが、これは、それ以前の処方を引用したものだ。「液体の吐剤は……粉末にしたアイリス、挽いたツタ、エール［ビールの一種］に漬けた海藻に甘味をたして作る(24)」。

ただし、海藻を薬として利用し続けていたことはたしかなのだが、それを記録したものには麦汁や草といった漠然とした言葉が使われているため海のものか陸地の植物か判然とせず、たしかに海藻だとまでは特定できない。だがのちの時代の記録には、海藻を食べていたことがうかがえる記述がときおり出てくる。18世紀のバース［イングランド西部の都市］では、「壺入りの立派なラバーだよ」と声を張り上げながらラバー売りが通りを歩いていたという。沿岸部から来たウェールズ人の行商人が、温泉で有名なバースに湯治に来た人たちにウェールズ特産の陶器とラバーを売り歩いていたのだ(25)。１８５３年にはイギリスのある著述家が海藻を取り上げ、イングランド北部沿岸のダルスについてこう書いている。

田舎町の市場に運ばれてきたダルスを買い、ジャガイモと一緒に食べる。ゆでることもあるが、海から採ってきたばかりの新鮮なダルスなので多くは生で食べる。牛やヒツジはダルスが大好物だ。とくにヒツジは、通り道の岩場にダルスが生えていたり、浜辺にダルスが打ち上げられていたりすると、必ずがつがつと食べる(26)。

トーストに添える「ブラック・バター」（ラバー）

また、ウェールズからブリストル海峡をはさんでイングランド南西部のデヴォン州沿岸部やサマセット州にかけての地域では、ラバーを「ブラック・バター」と呼んでパンに塗って食べていたし、コーンウォール州ではピクルスのようにして食べていた。
都会にもラバーを推奨する人はいた。１８７７年に「ケトナーの料理書 *Kettner's Book of the Table*」を刊行したエネアス・スイートランド・ダラスは、ラバーについてこう書いた。

昔ながらのイギリス紳士の多くは、ここでラバーを取り上げることを喜ぶだろう……以前はロンドンでもラバーをよく見かけたものだったが、今ではめったに目にしない（ペルメル街［ロンドン中心部にある、社交クラブが集まる地区］のクラブや一般の家庭には、今もラバーを食べる人がいるのだが）。ラバーが忘れられてしまったのは、社会の現代化がもたらした残念な結果のひとつだ。現代化は、あらゆるものが均一化された文化を生んだ。調理法も料理も、世界中同じになってしまった。

ダラスはこのテーマについて熱く語り、海岸部が長いイングランドは、イギリスのほかの地域と同様、海藻を採るには非常に好都合だと指摘している。

イングランドの海岸では大量のラバーが手に入る。スコットランドの沿岸部ではおいしいダルスが採れ、アイルランドにはカラギーン（アイリッシュモス）がある。こうしたすばらしく栄養に富み、香り高い海藻の名はいくつでも挙げることができる。ぜひとも採集して利用すべきだ。もしフランス人料理人がイングランドで名を成すとするならば、ラバーを使わずにそれを成し遂げることなどありえない。ペリゴール［フランス南西部の地方。トリュフが特産物］のトリュフのように、彼らはラバーの名をとどろかせるはずだ。(27)

ヴィクトリア朝を代表する小説家、チャールズ・ディケンズもまた海藻を愛した。「毒になる海藻などこの世に存在しない。その多くが栄養に富み、強壮薬となる。海藻は、いつのまにか広く人

海中の景色。19世紀末の「ブロックハウス・エフロン百科事典」より。

の役に立っている。さまざまな生き物に餌を提供し、その生き物が魚の餌となり、その魚を私たちが食している」[28]。しかし社会全体を見れば、19世紀末のイングランドでは、海藻は食卓からほぼ姿を消していた。また海藻に含まれる豊富な栄養や消化のよさは病人にはよいはずなのに、ヴィクトリア朝や次代のエドワード朝の病人向け料理書の多くには海藻は登場しない。せいぜい出てくるのはカラギーンを使ったトディやゼリーくらいで、それさえも記述はわずかだ。19世紀にはビートン夫人が有名な家政指南書である「ビートン夫人の家政読本 *Book of Household Management*」を著しているが、海藻についてはぞんざいな解説しかなく、扱いも軽い。

海藻を食材とすることもときにはあります。アイリッシュモス（カラギーン）は肺病患者に出しますし、これを食べる習慣がある地域も一部にはあります。アイリッシュモス１００ポンド（約45キロ）の水分は19ポンド（約９１０グラム）と少なく、タンパク質は９ポンド（約４１０グラム）含んでおり、非常に滋養のある野菜の仲間のひとつです。ラバーやケルプやダルスも採集して酢漬けや塩漬けにして食べたり、ゆで野菜の代用品としたりします。[29]

有名な「ヴィクトリア朝の海藻押し葉より From a Victorian Seaweed Picture」［ヴィクトリア朝には、女性が海藻を押し花のようにして額に入れ、美しい装飾品を作った］という詩は、海藻に対するイングランド人の見方をうまくとらえている。

おお、海の草などと言わず、海の花と呼んで
美しくあざやかで、輝かしい色に染まった私たち
その赤い色はあなたの薔薇垣と同じほど輝かしい
だから海の草などと言わず、海に咲くあざやかな花と呼んで[30]

ヴィクトリア朝にはチャールズ・ダーウィンが「進化論」を提唱して自然史に大きな注目が集まったが、この頃からイングランドの人々は海藻を食物ではなく芸術品として見るようになった。それはイングランドのいたるところで突然のブームとなった。海藻の刺繍、乾燥海藻で作ったコラージュ、海藻の水彩画やスケッチなどが次々に制作された。海藻をモチーフとしたものもあれば、絵のような海岸の風景や美しい海のなかの景色を海藻そのもので描いたものもあった。海藻模様のドレス用生地や家具カバー、海藻模様の壁紙やグリーティングカード、海藻をかたどった宝石や海藻模様の陶磁器……。以来今日まで、海藻はイングランドのアート作品のモチーフとしてめんめんと用いられ続け、イングランド人の目を楽しませている。しかしなぜか海藻を口にすることには抵抗があるのだ――。

●スコットランドの海藻

狩猟採集民は遅くとも紀元前6000年頃にはスコットランド西部に定住し、海藻をはじめと

「海中のあざやかな花々」。海藻を花に見立てた、イングランド伝統の押し葉のグリーティングカード、19世紀末。

海藻模様のボールにさした花。グリーティングカード。ヴィクトリア朝末期。

する豊富な海の資源を食料とした。こうした海の資源はこの地域の人々の生活に欠かせないものであり、海藻は食物や薬や肥料として使われ続けてきた。現代初期まで残っていたキリスト教伝来以前の時代の儀式からも、古代において海洋資源が大切にされていたことがうかがえる。こうした儀式には、新しい年の肥料用海藻の豊作を祈願するものもあった。１７０３年、スコットランド北西部の沖合に浮かぶヘブリディーズ諸島のルイス島で旅行者のマーティン・マーティンが目にしたのは、この地域の海の神ショニーにささげる万聖節（サムハイン）［カトリック教会ですべての聖人を崇敬する祝日。11月１日］の儀式だった。

大勢のなかからひとりが選ばれて腰まで海に入り、エールの入ったカップを手にもって海のなかに立ち、大声で祈願する。「ショニーよ、このエールをささげる。来たる年に、われらが豊かな海の恵みを得て、大地が肥えることを願う」。そしてエールの入ったカップを海に投げ入れる。[31]

同じくヘブリディーズ諸島のひとつ、アイオナ島では、海に入った男性がゲール語［ケルト語派の言語で、アイルランド、スコットランド、マン島などで使われる］で歌をささげる。

おお海の神よ
引く波に海藻をささげて願う
大地を肥えさせたまえ
われらに豊かな食物を与えたまえ[32]

何杯ものポリッジ［粥］を海に注いで神々にささげ、海から豊かな収穫が得られるよう願う地域もある。なぜ海にポリッジなのかは明白だ。土地を肥やす海藻がなければ、ポリッジを作るオーツ麦は育たない。そして19世紀に入ってからも、海藻の豊作を願って海にささげものをする儀式は続いた。

海藻がやってくる
紅い海藻がやってくる
黄色い海藻も、茶色の海藻もやってくる
波に包まれ食べ物がやってくる[33]

スコットランドではアイルランドと同じく、海藻のなかでもダルスとカラギーンが好まれた。ダルスで濃厚なブロス［野菜、魚、肉などを煮出しただし汁］を作りオートミールと煮てとろりとしたスープ（cál duilisg）にしたり、ダルスをゆでてバターをつけたり、バターと煮込んで食べたりもした。さらに火であぶって酢を添えたり、ダルスやカラギーンをシチューやラグー［肉や魚を野菜や香辛料で煮込んだもの］にくわえて赤い色をつけたり、とろみをつけ風味を増すのにも使われた。[34] スコットランドではほかに、グロックルや「ダバーロック」（学名 *Alaria esculenta*）、シュガーラック（カラフトコンブ）などの海藻をスナックとして食べ、とくにケルプの仲間であるシータングル（学名 *Laminaria digitata*）は生のものをウイスキーにひたして食べるととりわけおいしいと言われていた。火であぶってからペーストにすれば、パンにも塗れた。

アイルランドとスコットランドでスロークやスラバガンと呼ばれるラバーは、バターと煮込み、ときにはリーキやタマネギで風味付けして食べる。これは、ウェールズ人にとってはありえない食べ方だ。「生き延びるにはスロークさえあればよい」とは大昔からの教えであり、スコットランド北東部ケースネスの漁師たちが海に出るときにスロークの煮込みをもっていったのも、こうした考えによるものだろう。[35] おしゃれな人々のあいだでは、スロークは海の香りがする「マリン・ソース」として評判が高かった。[36] オーツ麦にスロークを混ぜて平たいバノック［オーツ麦や大麦で作る、酸酵させない平たいパン］を作ることもあった。[37] スロークはオーツ麦と組み合わせることが多く、こうすることで、デンプン質がほとんどのパンに大事な栄養素をくわえることになったのだ。

スコットランドの海藻の歴史には暗い時代もあった。18世紀から19世紀にかけてのハイランド・クリアランスがそうだ。これは、スコットランドのハイランド（高地地方）で地主が貧しい農民たちを強制的に立ち退かせ、その土地でヒツジを飼ったことを指し、ある農民の子孫は、「人々は海岸地方へと追いやられ、海藻を食べた」と回顧する。[38] 土地を追われた大量の農民はカナダの沿岸州に移住したが、彼らはダルスを食べる文化も持っていった。一般的には、他の地域と同じくスコットランドでも海藻は飢饉のときにしか口にしない食べ物だったと思われているが、これは誤解であり、実際には食べ物に不自由しないときにも好んで食べられていたのである。[39]

ヴィクトリア朝中期のエディンバラ［スコットランドの首都］は当時も栄えていたが、ここでも「ダルスとケルプはいらんかね！」という魚売りの女性の声が通りに響いていた。[40] また同時期のアバディーン［スコットランド東部の都市］でも、キャッスルゲート［当時の行政と商業の中心地］には「ダルス売り」の女性たちが何人もいて、ダルスとスパイシーなペッパーダルス（学名 *Laurencia pinnatifida*）を売っていた。これは今日も珍味として買い求められる海藻だ。熱い鉄板で焼いてもよいが、アバ

ダルス、牛肉、オイスターソースを使ったダルスバーグ。

ディーンではダルスを生で食べるのが一般的だった。また、ダルスはオーツ麦や大麦で作るパンやポリッジの味付けに「もってこい」であり、アバディーンの人々は朝食に添えて食べていた。ダルスを肉料理に使い、シチューやミートローフ、肉のパテに「うまみ」としてくわえられることもあった。

都会ではこうして海藻の味を生かした料理を楽しんでいたが、西岸部や諸島部の小作地帯では海藻は生きるうえで欠かせない食べ物であり、人々の生死を分けるほど重要なものだった。ここはまさに、自然環境に合わせて生活する地域だった。人も動物も、海藻を食べて生きていたのだ。浜に打ち上げられた海藻はオートミールと一緒に煮込んで食べたり、トウモロコシの皮やもみ殻と一緒に煮て、冬のあいだ飼い葉代わりに動物に与えたりした。もっとも、動物も海藻を見のがしはしなかった。スコットランドのノース・ロナルドセー島特産のヒツジはもちろん、ほかの地域でもヤギやヒツジ、鹿までもが海藻を食べていた。丘陵地帯ではやせた土地に海藻を肥料として使い、オーツ麦、小麦、大麦、ジャガイモ、タマネギ、カブ、アブラナなど、小作農の人々の日々の糧となる作物の栽培を支えた。そしてこうした食材を使って大鍋で作った質素なシチューやスープにもダルスを入れることが多かった。[41] 海藻は庭造りにも利用された。また、沿岸地域にはさまざまな薬草類を使う伝統療法があり、海藻はそれにも欠かせない材料だった。シオグサ属の緑藻はこめかみに貼ると安眠をもたらし、頭痛を抑え、解熱作用があった。シータングルは食欲を回復させ、ダルスは偏頭痛や不快な気分、疝痛［腹部の激痛］に効果があった。

　肥料や薬以外にも海藻にはさまざまな利用法があった。[42] 泥炭［沼沢地や湿地でとれる泥状の炭。ピートともいう］がないときには燃料として燃やせたし、ツイード［スコットランドの毛織物の一種］の染料にもできた。海藻を燃やした灰は塩の代用品として食物の保存に利用され、粗末な亜麻布［一年草の亜麻の繊維を原料とした織物］の漂白にも用いられた。さらに、炭酸ソーダ［海藻を焼いた灰に含まれ、ガラスや石けん、食品などさまざまに利用される］やガラス、ヨウ素を扱う産業では原料として使われた。海藻は天気を予測するのにも役に立った。玄関ドアの外につるした海藻がだらりとのびると、嵐になるというサインだ。これは魔術でもなんでもない。雨が降る前に湿度が高くなると、海藻が空気中の湿気を吸ってたるむのだ。

海藻関連の産業が副収入を生むようになり、今では貧しい小作地帯のつましい生活様式は過去のものとなった。そしてかつては主流だった、スコットランドの海藻採りたちから海藻を買うという形態も変化し、商社が、スコットランドにかぎらず、各地のもっと大規模な生産者に安く採取作業を委託することが増えている。だが冷たく汚染されていない海をもつスコットランドの沿岸部と諸島部、とくにヘブリディーズ諸島では今でも多くの小規模生産者が元気に働いている。彼らは長年海藻と密に関わることで得てきた知識を生かし、さまざまな乾燥海藻と海藻製品を世界中の消費者に販売している。そうした海藻は料理にかぎらず、さまざまな目的で利用されているのである。

●スカンジナビアの海藻

イギリス諸島よりも北に位置する島々とその海岸は、かつてヴァイキングが治め、海藻を利用してきた長い伝統をもつ。アイスランドとフェロー諸島［スコットランドとアイスランドの中間に位置するデンマーク自治領の島々］は厳しい環境にあり、その周囲に広がる北大西洋のケルプの森がもたらす豊かな海洋資源に頼ってきた。これまで見てきた地域と同様に、生や乾燥、塩漬け、燻製、酸酵させたものなど、海藻はなくてはならない食材だった。フェロー諸島では乾燥させた海藻を挽いて「ブラック・ソルト」を作る。この地では、これを塩の代用とする時代が長かった。

アイスランドでは「ソル」（学名 *Rhodymenia palmata*）が非常に重要な海藻であるため、12世紀に書かれたアイスランド最古の法律書には、これを採集する権利についての記述もある。[43] 海岸地方ではソルを生で食べ、乾燥させたものは内陸部へと運び羊毛や肉と交換した。人々は貧富の区別なく日々の食事にソルを摂り、干し魚やバターと食べたり、牛乳とパンに添えたりした。また吐き気や消化不良、船酔いなどの薬としても利用した。ダバーロック（学名 *Alaria esculenta*）、アイリッシュモス、イカノアシ（学名 *Gigartina mamillosa*）は真水にひたしてから水や牛乳、小麦粉と混ぜて濃厚なプディングを作り、牛乳やクリームを添えて食べていた。[44]

13世紀に書かれたアイスランドの一大叙事詩「エギルのサガ」では、海藻が重要な役割をもつものとして登場する。英雄エギルは息子のボドヴァルを亡くして嘆き悲しみ、生きる意欲を失って食べることを拒絶した。娘のトールゲルドは、ダルスは体に悪く死を早める食べ物だと嘘をつき、エギルにこれを食べさせる。すると滋養に富んだダルスがエギルの命を救い、エギルは悲しみから立ち直るのだ。海藻はグリーンランドのノース人（ヴァイキング）入植地の救世主とはならなかったが「10世紀頃、ヴァイキングがグリーンランドを発見し入植したが、その後定住地は廃れた」、航海中のヴァイキングにとっては貴重な食料であり、スカンジナビア沿岸部の人々の食事には欠かせない食材だった。現在、この地域では海藻は新しい創作料理の中心的食材であり、今後は海藻のこうした活用が進むだろうというのが多くの人の見方だ。

ノルウェー北部、バルスフィヨルドの海藻。

◉新北欧料理

ヨーロッパでつねに重要視されるのは、「自国の文化に即したもの」であるかどうかだ。母国の古くさい海藻料理は食べたくないが、だからといってアジア料理も食べたくないとしたら、ほかになにがあるか？　そうした問いから生まれたのが、「新北欧料理（ニュー・ノルディック・キュイジーヌ）」と呼ばれるものだ。デンマークの首都コペンハーゲンにある世界的レストラン「ノーマ」のシェフ、レネ・レゼピと、レゼピが設立した食に関する基礎研究所「ノルディック・フード・ラボ」は「新北欧料理」運動を提唱し、純粋さ、新鮮さ、シンプルさ、そして民族的な伝統に基づく、新しい調理法や食べ方を創造しようと奮闘している。

レゼピは、旬の食物を調理し食べることを促進し、地元の産物を使った新しい北欧メニューを開発している。また、非常に洗練された手法で北欧の伝統料理を海外の伝統料理と組み合わせてもいる。(45) レゼピが作る新北欧料理では、ノルディック・フード・ラボで行なう厳密な科学的研究とシェフの創造的な発想と技術が両輪となり、冷浸法(れいしんほう)といったテクニックや冷凍粉砕調理機のパコジェットなど新しい器具を使い、さらに食材は、味と相性に配慮して選んだ高品質のものを使用する。

スカンジナビア地域ではこれが北欧料理の復権につながり、コンブではなくスカンジナビア産ダルスで北欧風のだしをとるなど、地元産海藻の独創的な利用も行なわれている。また海藻を料理に生かし、ダルスをひたした牛乳で作ったフレッシュ・チーズや、ダルス・アイスクリーム、海藻を使ったぱりぱりのパイ皮で作ったおいしいタルト、数種類の穀物を盛りつけた上にホタテガイをのせてイカスミと海藻のソースをかけたものなどさまざまな料理が登場し、昔ながらの食材である海藻が、自国の文化にふさわしく、かつ新しい料理に応用されている。(46)

レネ・レゼピをはじめとする新北欧料理の火付け役は、この運動の目的は世界各地で北欧の食を再現することではなく、スカンジナビアで考案した新北欧料理の原則にならい、それぞれの国が自国の文化にふさわしい料理を開発してもらうことだと考えている。それはつまり、海藻のさまざまに応用できる性質を生かし、世界の料理に新たに海藻を利用することにもつながるだろう。

終章◉今こそ海藻の時代

現代社会では、海藻は食用とされるだけではない。海藻からとれるフィココロイドは化粧品や日用品関連の産業には欠かせないし、加工食品にも同様だ。また海藻抽出物は口紅からフェイス・クリーム、制汗剤、シャンプー、歯磨き粉まで、一般的な化粧品にも「自然派化粧品」にも、あらゆるものに使用されている。海藻は泡状の製品や研磨剤の原料など、さまざまなものの仕上げ剤にも利用され、たとえば家具の手入れ用クリームや染料、消火剤などに使われている。また海藻は、地球にやさしく、環境に負担をかけないプラスティック製品を開発するさいの主要原料だ。海藻を原料としたバイオプラスティックを使用して、伸縮性のあるフィルムや絆創膏、コーティング剤などが将来は生まれるだろう。

液状やペレット［3～5ミリ程度の小さな粒状にしたもの］にした海藻は農業用土壌改良剤として人気だ。古代にもこうした利用法はあったが、今日では農作物の生産量を増やし、また作物が土壌から養分を吸収しやすくするために使われ、商業利用という形で復活している。海藻を家畜の餌に添加することも増えている。とくにヒツジや牛だ。飼料生産者は海藻添加による利点をいくつも挙げる。家畜の繁殖力が強くなり、羊毛の品質や毛皮の光沢はよくなり、肉の栄養分が増す。また一般に家畜の体力が向上して健康になり免疫力も高まるため、抗生物質の投与量が減らせたり、投与が不要になったりするという。

フィコロイドは製薬業界において、錠剤やシロップ、カプセル、ジェル、坐薬、便秘薬や軟膏などの結合剤や乳化剤として広く使用されている。研究者たちは海藻を利用した新薬開発も行なっている。海藻を原料としてバイオ医薬品を幅広く開発し、また医薬品以外にもさまざまなものに応用できると考えているのだ。海藻は、東洋では伝統医療に使われてきた長い歴史があるが、欧米でも代替療法や自然療法の分野で多くの海藻セラピー用品が売られている。だが欧米の製薬業界においては、新薬の発見や開発が関係当局の認可を受けて商業化されるまでの道のりは一般的に遠く、莫大な費用がかかる。「海から生まれた海藻由来の薬」が主流となるのはまだ先のことだろう。

科学界や産業界がもっとも注目しているのは、石油、石炭、天然ガスなどの化石燃料に代わる未来のエネルギー源としての海藻だ。化石燃料の供給量が変化するたびに、彼らの海藻への興味も増減する。１９７０年代の石油危機のさいには海藻への注目度が急上昇したが、危機が終結すると低下した。現在は化石燃料の枯渇に対する懸念が再度増しており、海藻からエネルギーを取り出す技術の開発に大きな努力が払われている。それにはふたつの手法がある。脂質を抽出してバイオディーゼルに変える方法と、抽出した醗酵性の糖質［醗酵しやすい糖で、この糖の分解によってアルコールを生成する］からバイオエタノール［エタノールはアルコールの一種］を生み出す方法だ。

推進者たちは海藻由来の燃料を汚染を伴わない石油にたとえて「グリーン・エネルギー」と呼ぶ。だがこれもまだ確立された技術ではない。海由来のバイオ燃料を研究所で小規模に生産することは可能だが、世界中のエネルギー需要を満たすだけの生産量にすることはまだ無理だ。その理由のひとつは、十分な量の海藻を確保するのが難しいことだ。アジアでは現在、海藻の供給量確保のため商業養殖に力を入れているが、欧米では天然の海藻、とくにケルプを採集することがおもだ。どちらも環境にやさしいようには見えるが、一概にそうとは言えない。沿岸部での海藻養殖は海底をならす必要がある場合が多いが、これは本来の生態系の破壊につながり、侵略性がある種を結果として移植してしまう可能性もある。また深海では、ケルプの乱獲はケルプを餌や住み処としている海洋生物の絶滅を招くことになる。

いずれにしても環境にダメージを与えることは明白であり、チリは代替手法を模索している国のひとつだ。[1] また、バイオ原料向けケルプ採集の機械化を導入したノルウェーもそうだ。ノルウェーでは、機械化がほんとうに価値があることなのか、環境面や倫理面のさまざまな問題が論じられ、また一方では、魚や海洋哺乳類や鳥、漁業従事者や海の生態系全体に機械化がおよぼす影響が議論されている。[2] 総合的に考えて、なんらかの警鐘を鳴らす必要はあるだろう。これまで人間は、陸地を酷使して作物を栽培し、家畜を飼育し、機械による大量収穫を行なってエネルギーを浪費してきた。こうした活動が人間の健康や地球環境にダメージを与えてきたことははっきりしている。海藻をバイオ燃料や家畜の餌の添加物に利用する計画は、短期的には利点があることはたしかだ。だがそれは、すでに持続不可能であることが明確になったシステムを続けようとすることでしかない。私たちは、陸でしたことを海で繰り返してはならない。海の環境回復、気候変動の軽減や海の生態系の保護は、今すぐ取り組むべき課題なのである。[3]

それに比べ、これからも海藻を食に利用することは、実際的で問題もなく、楽しめることでもある。雑誌「ニューヨーカー」の最近の記事にこうあった。「海藻は奇跡の食物になりうる。これをおいしく食べる方法を見つけさえすれば[4]」。本書では、海藻をおいしく食べる方法は多数あることを紹介し、海藻を食べてきた歴史を概観した。すでに述べたとおり、海藻は人類が登場した頃から世界の東西で重要な食材であり続けてきた。本書では広大なケルプの森である「ケルプ・ハイウェー」をおもにたどった。このハイウェー沿いには古代の海藻食文化の痕跡があり、どのように利用していたかが明確だからだ。人類の歴史においては、ふたつの海藻の重要性がきわだっている。ケルプ（コンブ）とアマノリ属の海藻だ。「アマノリ（学名 *Porphyra*［紅藻類　学名 *Rhodophyta*］）と人間との関係は、ほかのどの海藻よりも密だろう」ともいわれてきた。[5]

これまで海藻は、それ単体ではなく、魚や貝類、海洋哺乳類などで構成される海の大きな食物網（しょくもつもう）の一部として見られてきた。また、人間は海藻だけを食べるのではなく、料理の材料のひとつや、食事を補充し栄養のバランスをとり、効果的に栄養を摂取するためのものとして利用してきた。海藻の専門家であるデヴィッド・ミスラボズキーもこう言っている。「トルティーヤやピタやパンに海藻粉末をわずか3パーセントくわえただけで、途上国の人々の健康に大きく寄与するだろう[6]」。さらに海藻は、栄養の過剰摂取の抑制にも同じように効果があるのだ。

海藻は、沿岸部では食料とされただけでなく、価値のある商品として遠く離れた内陸部へと運ばれ取り引きされてきた。また海藻はだれもが自由に採集して食べられるものではなく、大昔から、法で海藻に関する規則が定められていた。たしかに、飢饉のときにしかたなく海藻を食べた地域もあった。だが国によっては特権階級しか口にできない時代が長く、そうした国では、だれもが海藻を食べることができるようになったのはそれほど昔のことではない。伝統的な食事では、海藻は中心となる食べ物ではなくそれを補うものだったため、栄養面で恩恵を得るのに必要とされる量は環境に負荷を与えるほどではなかったし、現在もそうだ。

世界中の海で、大昔から海藻と貝類は密な関係にある。今以上の調査、研究を行ない、栄養面および環境面の問題解決や海藻類の保護を進めていくことが求められている。ヨーロッパの大西洋南岸部、西アフリカ、東南アジア、南および中央アメリカをはじめ、世界各地に海藻の伝統的な利用法がある。これらは記録に残す必要があるし、それにくわえ、海藻の持続可能な新しい利用法を世界各地に広めるべきでもある。

さまざまに応用できる海藻は、世界各地の料理や調理技術に利用できるすばらしい食材だ。また、使われていることが一見わからなくとも、その栄養分や薬効が利用されていることもある。人ははるか昔から海藻を食べ、その恩恵を受けてきたことはたしかであり、現在ではその科学的な検証も行なわれている。実際、本書で述べてきた海藻の利点が着目され、さほど注目されることもない「海の草」だった海藻は、この数年で、科学による研究や開発が進められる対象となっている。

海藻に注目すべきは科学的な関心からだけではない。海藻にまつわる古い民話や神話が世界各地に残っており、海藻が生育する海——地上とは別の世界——の魅力を伝えてくれている。日本、朝鮮半島、中国には、コンブが繁殖する冷たい海に、女性ばかりが住む島が浮かぶという話が伝えられている[7]［日本では、江戸後期の国学者、平田篤胤（ひらたあつたね）の著書「仙境異聞（せんきょういぶん）」に「女島」の話が出てくる］。女性たちは山に横穴を掘って住まいとし、入口にはコンブをかけた木の枝をわたしている。そして海に入り、魚を獲り、コンブを採って食べた。島の女性たちが海に入って子を授かるとする話もある。この女性たちは人だとも、実はアザラシだともいわれ、また半人半獣だともされる。

同じような神話は世界中にある。とくに、冷たいケルト海とノルディック海に伝わる、海中ではアザラシとして生活するセルキーの話は有名だ。浜辺に現れるときは人間の姿になり、海藻のスープを食べるとされる。

陸と海の境界に育ち、太古の昔からはるかなる未来まで生き続けるだろう海藻は海からの大きな贈り物であり、私たち人間と地球に唯一無二の恵みを与えてくれる。今こそ、青い海に目を向けるときだ。

ゆらめくケルプ

謝辞

編集者のマイケル・リーマン、アンディ・スミス、またリアクション・ブックス社の編集者、マーサ・ジェイとハリー・ギロニスに感謝する。楽しい時間を設け、すばらしい提案をいただいたジリアン・ライリー、ヘレン・サベリに謝意を表する。ティモシー・オサリバンは多大なる知恵とユーモアを、ノエル・リースは「ハウル」やラバーに関する厖大な知識を授けてくれた。そして私の娘、キラ・エヴァ・トキコ・カリヒリヒオケカイオカナロア・フィオン・ルセラ・ホプキンスがいてくれたことに感謝したい。寛大なるオール・モウリトセン、親切だったスザンヌ・ホイルンド・ペデルソン、そして人類学者のジェームズ・スチュアートはチリの海藻について全般的知識を与えてくれた。大英博物館のアフリカ、オセアニアおよび南北アメリカ担当のジェームズ・ハミル、ギルガメシュ叙事詩がきざまれた粘土板についてご教示いただいた芸術家のネイル・ダルリンプル、ペンシルバニア州ラファイエット・カレッジのポール・D・バークレー教授と東アジア・イメージ・コレクション。コリン・プレスディー、ローラ・メイソン、レジーナ・セクストン、ナナ・ローグンバルダルドッティールにはそれぞれレシピを提供いただいた。ライル・ブラウニングをはじめとするギルド・オブ・フード・ライターズのメンバー、ニューブランズウィック・ツーリズム、シトカ・コンサベーション・ソサエティ、アシュリー・ジョーンズとセルウィン・シーウィード社、パーソンズ・ピクルス社。ペンブロークシャー・ビーチ・フード・カンパニー、ザ・ミルン、マラ・シーウィード社、トム・クローリーとヒンズークシ・クロージング・カンパニー、シェフのカサル・オマリーのご尊父。以上の方々や企業に心より感謝申し上げる。ピーター・ホプキンスに本書をささげる。愛を込めて（me ke aloha）。

訳者あとがき

本書『「食」の図書館　海藻の歴史 *Seaweed: A Global History*』は、イギリスの Reaktion Books が刊行する The Edible Series の一冊である。このシリーズは２０１０年に、料理とワインに関する良書を選定するアンドレ・シモン賞の特別賞を受賞している。

著者のカオリ・オコナーは、ユニヴァーシティ・カレッジ・ロンドンの文化人類学上席研究員として意欲的な研究を学術誌で発表するほか、テレビやラジオへの出演も多い。本シリーズ既刊の『パイナップルの歴史』もオコナー氏の作品だ。また、食物史に関するすぐれた業績に対して、２００９年にソフィー・コウ賞を受賞している。

「食」の図書館シリーズでは日本の食物や食事情が紹介されていることも多いが、本書でいちばん大きく取り上げられているのが日本の海藻だ。日頃はそれほど意識していないものの、言われてみれば、朝食のみそ汁のワカメやコンビニエンスストアのおにぎりに巻いた海苔、ふりかけや涼しげなところてんまで、日本人が海藻を口にする機会は非常に多く、確かに日本は海藻大国だ。また本書の「コンブ」の項でも「うまみ」成分について説明しているように、日本文化の魅力を海外に積極的に発信する日本政府主導の「クール・ジャパン」プロジェクトでも、和食とともに「だし」を大きく取り上げ、かつおぶしや昆布をその「うまみ」のもととして紹介しているのは広く知られているところだ。そして、世界、とくに欧米には海藻を日常的に食べる文化はあまりなく、海藻は海の「雑草」といった扱いであると聞けば、驚く方も多いだろう。文化が違えば海藻に対する見方も大きく異なるのだ。また著者は日本の海藻の歴史を縄文時代からたどるなかで、今では広く行われている海苔の養殖が軌道に乗ったのは第二次世界大戦後のことであり、イギリス人藻類学者の貢献によるものだったという興味深い事実も教えてくれる。

　海藻には特定の地域でのみ食べられているものや、その土地特有の食べ方をするものがあると書かれた部分を訳す際には、私は、故郷の福岡県の名物「おきゅうと」を思い出した。おきゅうとは、紅藻のエゴノリを煮溶かし、裏漉しして固めたものだ。これを短冊状に切り、ゴマや酢醤油などをかけて食べる。ところてんに似ているが、それよりも噛みごたえがあり、磯の香りがしっかりと感じられる。その歴史について少し調べてみると、３００年ほど前にはすでに食べられていたこと、名前の由来については諸説あるものの、江戸時代の大飢饉のさいに人々を飢えから救ったため「救人（きゅうと）」と呼ばれるようになったとも言われていること、昭和30年代までは通りに「おきゅうと売り」の声が響いていたことなど、本書で紹介されているウェールズやスコットランド、イングランドの海藻の歴史と重なる部分も多かった。故郷を離れてからはめったに口にできずとても残念なのだが、海藻大国日本にはきっと全国に、こうしたあまり知られてはいなくとも、とてもおいしい海藻や海藻由来の名品があるのだろう。

ところで私は、上野にある国立科学博物館で海藻の標本を見たことがある。常設展の一部として、巨大な昆布の仲間など、本書に登場する海藻をはじめ多数の標本が展示されている。海藻の本来の姿がもつ力強さや美しさに惹きつけられ、しばらく見入ってしまった。

本書にはさまざまな言語における海藻名や海藻料理が登場する。できるかぎり一般敵な日本語の呼び名を調べ、また必要に応じて原語の発音を再現したつもりではあるが、お気づきの点があればご指摘いただければ幸いである。最後になったが、本書の出版にあたっては多くの方々のご助力をいただいた。とくに、本書を翻訳する機会と、翻訳作業に関する適切な助言をいただいた原書房編集部の中村剛さん、いつも、細やかかつ全面的なサポートをいただいているオフィス・スズキの鈴木由紀子さんに心からお礼を申し上げる。

２０１７年12月

龍　和子

the following conditions: you must attribute the work in the manner specified by the author or licensor, but not in any way that suggests that they endorse you or your use of the work); courtesy Mara Seaweed: p. 158; photo © Marika-/iStock International Inc.: p. 63; photo © marilyna/iStock International Inc.: p. 78; photo © Maya13/iStock International Inc.: p. 70; Metropolitan Museum of Art: pp. 49, 54, 62, 64; photo © mk2014/iStock International Inc.: p. 58; Mythstories Museum of Myth and Fable, Wem, Shropshire - reproduced by permission of the artist (Neil Dalrymple): p. 30; New Brunswick Tourism: p. 130; from the *Nouveau Larousse Illustré* . . . (Paris,1906): p. 9; photo © Nutapol/iStock International Inc.: p. 105下; Pembrokeshire Beach Food Company (www.beachfood.co.uk): p. 144; photo © phototake/iStock International Inc.: p. 73; private collection: p. 44; photo © rihardzz/iStock International Inc.: p. 45; photo © sanniely/iStock International Inc.: p. 26; photo Wolfgang Sauber: p. 31 (this file is licensed under the Creative Commons Attribution-Share Alike 3.0 Unported, 2.5 Generic, 2.0 Generic and 1.0 Generic licenses, and any reader is free to share - to copy, distribute and transmit the work, or to remix - to adapt the work, under the following conditions: you must attribute the work in the manner specified by the author or licensor, but not in any way that suggests that they endorse you or your use of the work); Seattle Art Museum: p. 111; from Hugh M. Smith, *Seaweed Industries of Japan* - Bulletin of the Bureau of Fisheries, vol. 24, 1904 (Washington, DC, 1905): p. 68; photo Smithsonian Institution Archives: p. 71; image courtesy Special Collections and College Archives, Skillman Library, Lafayette College, and the East Asia Image Collection (http://digital.lafayette.edu/collections/eastasia/imperial-postcards/ip0282): p. 50; photo James Stuart: p. 117; photo © Torichter/iStock International Inc.: p. 162; photo © tswinner/iStock International Inc.: p. 170; photo © Barbara Vallance/iStock International Inc.: p. 23; Wellcome Library, London: p. 82; photos © whitewish/iStock International Inc.: pp. 87, 94上, 94下; photo © yasuhiroamano/iStock International Inc.: p. 61.

Wellcome Images have published the images on p. 82 online under conditions imposed by a Creative Commons Attribution 4.0 International license (https://creativecommons.org/licenses/by/4.0), and any reader is free to share - to copy and redistribute the material in any medium or format, or to adapt - to remix, transform, and build upon the material, for any purpose, even commercially, under the following conditions: you must give appropriate credit, provide a link to the license, and indicate if changes were made - you may do so in any reasonable manner, but not in any way that suggests the licensor endorses

写真ならびに図版への謝辞

図版の提供と掲載を許可してくれた関係者にお礼を申し上げる。

Photo © adlifemarketing/iStock International Inc.: p. 124; photo Alexandar R.: p. 41; Archaeological Museum, Herakleion: p. 31; courtesy the author: pp. 36, 91, 132, 135, 138, 142, 153, 154; Bardo National Museum, Tunis: p. 33; Bibliteca Nacional de Madrid: p. 41; photo Botaurus: p. 44; from the *Brockhaus and Efron Encyclopedic Dictionary* (Leipzig & St Petersburg, 1890-1907): p. 150; ; photo © deeepblue/iStock International Inc.: p. 59; photo Diádoco: p. 148; photo © Ecopic/iStock International Inc.: p. 19; photo © Ezume-Images/iStock International Inc.: p. 89; from the Fine Arts Collection of the Cultural Group (Shansi province) under the State Council of the People's Republic of China: p. 90; photo © foodandwine photography/iStock International Inc.: p. 136; photo from the Fresh water and Marine Image Bank (http://digitalcollections.lib.washington.edu/cdm/search/collection/fishimages) at the University of Washington: p. 68; photo © Giovonni/iStock International Inc.: p. 101; photo © Deb Gleason/iStock International Inc.: p. 109; Bethany Goodrich/Sitka Conservation Society: p. 113; photo © hirophoto/iStock International Inc.: p. 69; photo Owen Howells: p. 144; from the *Illustrated London News*, 12 May 1883: p. 138; photos © IslandLeigh/iStock International Inc.: pp. 105上, 106, 116上, 116下; photo © Jamesmcq24/iStock International Inc.: p. 73; photo Dennis Jarvis: p. 33 (this file is licensed under the Creative Commons Attribution-Share Alike 2.0 Generic license: any reader is free to share - to copy, distribute and transmit the work, or to remix - to adapt the work, under the following conditions: you must attribute the work in the manner specified by the author or licensor, but not in any way that suggests that they endorse you or your use of the work); photo © joebelanger/iStock International Inc.: p. 6; from Elizabeth Keith and E.K.R. Scott, *Old Korea: The Land of Morning Calm* (London, 1946): p. 91; photo © LarisaBlinova/iStock International Inc.: p. 119; Library of Congress, Washington, DC (Prints and Photographs Division - United States Food Administration): p. 18; Los Angeles County Museum of Art: p. 84; photo © Jason Lugo/iStock International Inc.: p. 128; photo Joe Mabel: p. 111 (this file is licensed under the Creative Commons Attribution-Share Alike 3.0 Unported license: any reader is free to share - to copy, distribute and transmit the work, or to remix - to adapt the work, under

注

序章　海藻とはなにか

（1）　wwf.panda.org 参照 , 2015年6月アクセス
（2）　Charles Darwin, *The Voyage of the Beagle* (London, 1845), p. 117.
（3）　Global Seaweed Network, Natural History Museum,www.nhm.ac.uk 参照 , 2015年6月アクセス
（4）　The Aquatic Biome, www.ucmp.berkeley.edu 2015年6月アクセス。www.microbeworld.org も参照 , 2015年6月アクセス
（5）　The Seaweed Site, www.seaweed.ie 2015年6月アクセス。Global Seaweed Network 2015年6月アクセス。Global Seaweed Network, Natural History Museum も参照。2015年6月アクセス。
（6）　Louis D. Druehl, 'Cultivated Edible Kelp', in *Algae and Human Affairs*, ed. Carole A. Lembi and J. Robert Waaland (Cambridge and New York, 1988), p. 120.
（7）　Juliet Brodie, George D. Fussey, Jo Wilbraham and Michael D. Guiry, 'From Sir Joseph Banks to the World's Seaweed Colloid Industry: The Discovery of Original Material and Typification of the Marine Red alga Gloiopeltis tenax', *Journal of Applied Phycology*, XXVII (2015), pp. 1535-40.
（8）　Jerry G. Lewis, Norman F. Stanley and G. Gordon Guist, 'Commercial Production and Applications of Algal Hydrocolloids', in *Algae and Human Affairs*, p.206
（9）　Vazhiyil Venugopal, *Marine Products for Healthcare: Functional and Bioactive Nutraceutical Compounds from the Ocean* (Boca Raton, FL, 2008), p. 319, 参照。
（10）Ole G. Mouritsen, *Seaweeds: Edible, Available, and Sustainable* (Chicago, IL, and London, 2013), p. 52.
（11）Linda Howard, 'Seaweed: Super-wise your Meals', *Naked Food Magazine*, 28 May 2013, http://nakedfoodmagazine.com.
（12）Georgia M. Hart et al., 'Contemporary Gathering Practice and Antioxidant Benefit of Wild Seaweeds in Hawai'i', *Economic Botany*, LXVIII/1 (2014), pp. 30-43 (p. 31).
（13）S. N. Lim, P.C.K. Cheung, V.E.C. Ooi and P. O. Ang, 'Evaluation of Antioxidative Activity from a Seaweed, *Sargassum siliquastrum*', *Journal of Agricultural and Food Chemistry*, L (2002), pp. 3862-6.

(14) Mouritsen, *Seaweed*, pp. 54-5.
(15) Seibin Arasaki and Teruko Arasaki, *Vegetables from the Sea* (Tokyo, 1983), p. 46.
(16) John Harvey Kellogg, *The Battle Creek Sanitarium System* (London, 1908), p. 151.
(17) H. McGee, *On Food and Cooking: The Science and Lore of the Kitchen* (New York, 2007), p. 344.
(18) Heston Blumental et al., *Dashi and Umami: The Heart of Japanese Cuisine* (London, 2009); O. G. Mouritsen et al., 'Seaweeds for Umami Flavor in the New Nordic Cuisine', *Flavour*, I/4 (2012).

第1章　大昔――歴史に埋もれた海藻

(1) Ole G. Mouritsen, *Seaweeds: Edible, Available and Sustainable* (Chicago, IL, and London, 2013), p. 2.
(2) Karen Hardy et al., 'The Importance of Dietary Carbohydrate in Human Evolution', *Quarterly Review of Biology*, XC/3 (September 2015), pp. 251-68.
(3) Tom D. Dillehay et al., 'Monte Verde: Seaweed, Food, Medicine, and the Peopling of South America', *Science*, CCCXX/5877 (9 May 2008), pp. pp. 784-6.
(4) Jon M. Erlandson et al., 'The Kelp Highway Hypothesis: Marine Ecology, the Coastal Migration Theory and the Peopling of the Americas', *Journal of Island and Coastal Archaeology*, II (2007), p. 171.
(5) Ida Torres, 'Jomon Cuisine: What Went Into the Jomon Pots?', *Japan Daily Press*, 11 April 2013.
(6) Barry Cunliffe, *Facing the Ocean: The Atlantic and its Peoples, 8000 BC to AD 1500* (Oxford and New York, 2001) 参照
(7) M. Hodnett, 'The Sea in Roman Poetry', *Classical Journal*, XV/2 (1919), pp. 67-82.
(8) Peregrine Horden and Nicholas Purcell, *The Corrupting Sea* (London, 2000).
(9) In G. Irby-Massie and P. T. Keyser, *Greek Science of the Hellenistic Era: A Sourcebook* (London and New York, 2002), p. 259.
(10) Hassan S. Khalilieh and Areen Boulos, 'A Glimpse on the Uses of Seaweeds in Islamic Science and Daily Life during the Classical Period', *Arabic Sciences and Philosophy*, XVI (2006), pp. 91-101.
(11) 同上
(12) Richard Russell in the *Brighton Gleaner*, I/5 (17 June 1822), p. 161.

(13) Anna Hunter, 'Seaweed: The Superfood for Skin, Hair and Health', www.getthegloss.com, 12 September 2013 参照

第2章　日本の海藻

(1) A. Okazaki, *Seaweeds and Their Uses in Japan* (Tokyo, 1971), p. 16.
(2) Satori Horai et al., 'mtDNA Polymorphism in East Asian Populations, with Special Reference to the Peopling of Japan', *American Society of Human Genetics*, LIX (1996), pp. 579-90.
(3) Bruce L. Batten, 'Provincial Administration in Early Japan: From Ritsuryo kokka to Ocho kokka', *Harvard Journal of Asiatic Studies*, LIII/1 (June 1993), pp. 103-34.
(4) Edwin A. Cranston, 'The Dark Path: Images of Longing in Japanese Love Poetry', *Harvard Journal of Asiatic Studies*, XXXV (1975), pp. 60-100, p. 62.
(5) J. L. Pierson, trans. and annot., *The Manyoshu* (Leiden, 1933), vol. iii, poem 433, p. 293.
(6) Cranston. 'The Dark Path', p. 65.
(7) 同上, p. 95.
(8) Edwin O. Reischauer, 'The Izayoi Nikki, 1277-1280', *Harvard Journal of Asiatic Studies*, x/3-4 (December 1947), pp. 255 -387, p. 307.
(9) Anon., *1,000 Poems from the Manyoshu* (Tokyo, 2005), p. 191.
(10) Joan R. Piggott, 'Mokkan: Wooden Documents from the Nara Period', *Monumenta Nipponica*, XLV/4 (1990), pp. 449 -70, pp. 453, 458.
(11) Kaori O'Connor, *The Never-ending Feast: The Anthropology and Archaeology of Feasting* (London, 2014).
(12) D. L. Philippi, *Norito: A New Translation of Ancient Japanese Ritual Prayers. The Institute for Japanese Culture and Classics* (Tokyo, 1959), p. 32.
(13) Helen C. MacCulloch, 'Aristocratic Culture', in *The Cambridge History of Japan*, vol. II: *Heian Japan*, ed. John Whitney Hall, Donald H. Shively and William H. McCulloch (Cambridge, 1999), pp. 390-441.
(14) M. Ishii, 'Food Byways: Tracing the Old Kombu Route', *Food Forum*, XXVII/2 (2013).
(15) Jonathan Deutsch, 'The Sumotori Diet', *Gastronomica*, I (Winter 2004), pp. 47-53.
(16) Heston Blumenthal, Nobu Matsuhisa et al., *Dashi and Umami: The Heart of*

Japanese Cuisine (London, 2009), p. 23.
(17) Richard Hosking, *The Art of the Japanese Table* (Oxford and New York, 2000). See also Harold McGee, On Food and Cooking: The Science and Lore of the Kitchen (London, 2004), p. 342.
(18) Ole G. Mouritsen and Klaus Styrbaek, *Umami: Unlocking the Secrets of the Fifth Taste* (New York, 2014).
(19) S. Arasaki and T. Arasaki, *Vegetables from the Sea* (Tokyo, 1983), pp. 26-7.
(20) Hosking, *The Art of the Japanese Table*, p. 19.
(21) Etsuko Terasaki, 'Hatsushigure: A Linked Verse Series by Bashō - and his Disciples', *Harvard Journal of Asiatic Studies*, XXXVI (1976), pp. 204-39, p. 220.
(22) Hosking, *The Art of the Japanese Table*, p. 111.
(23) Naomichi Ishige, *The History and Culture of Japanese Food* (London and New York, 2001).
(24) S. Issenberg, *The Sushi Economy* (New York, 2007), p. 86.
(25) T. Bestor, 'How Sushi Went Global', *Foreign Policy* (November/December 2001), pp. 54-63.

第3章　中国と朝鮮半島の海藻

(1) N. Silvin, *Traditional Medicine in Contemporary China* (Ann Arbor, MI, 1987); I. Veith, *The Yellow Emperor's Classic of Internal Medicine*, new edn (Berkeley, CA, and London, 1972), p. 21.
(2) Silvin, *Traditional Medicine in Contemporary China*, p. 99.
(3) Veith, *The Yellow Emperor's Classic of Internal Medicine*, p. 196.
(4) 同上, p. 199.
(5) Eri Oshima, 'Medicinal Uses of Seaweed in Traditional Chinese Medicine', in *Traditional Chinese Medicine: Scientific Basis for its Use*, ed. E. Oshima, J. D. Adams and E. J. Lien (London, 2013), pp. 238-67.
(6) Veith, *The Yellow Emperor's Classic of Internal Medicine*, p. 15 2.
(7) 同上, p. 23.
(8) P. D. Buell and E. N. Anderson, *A Soup for the Qan* (London and New York, 2000), p. 196.
(9) H. T. Huang, *Fermentations and Food Science*, part v of vol. VI: *Biology and Biological Technology*, the Joseph Needham Science and Civilization in China Series (Cambridge, 2000).

(10) 同上, p. 575.

(11) 同上, p. 576-7.

(12) Buell and Anderson, *A Soup for the Qan*, p. 433.

(13) Chen Keji, ed., *Imperial Medicaments: Medical Prescriptions Written for Empress Dowager Cixi and Emperor Guangxu with Commentary* (Beijing, 1996), p. 270.

(14) Lei Liu et al., 'Towards a Better Understanding of Medicinal Uses of the Brown Seaweed Sargassum in Traditional Chinese Medicine: A Phytochemical and Pharmacological review', *Journal of Ethnopharmacology*, CXLII (2012), pp. 591- 619 (p. 615).

(15) Buell and Anderson, *A Soup for the Qan*, p. 590.

(16) W. M. Porterfield Jr, 'References to Algae in the Chinese Classics', *Bulletin of the Torrey Botanical Club*, XLIX (1922), pp. 339-40.

(17) James Macaulay, ed., *The Leisure Hour* (August 1886), pp. 539-43 (p. 542).

(18) B. Xia and I. A. Abbott, 'Edible Seaweeds of China and their Place in the Chinese Diet', *Economic Botany*, XLI/3 (1987), pp. 341-53.

(19) 'The Chinese Court at the Health Exhibition', *The Times* (London), 10 July 1884, p. 6.

(20) Regional Council Hong Kong and the Palace Museum, Beijing, *Empress Dowager Cixi: Her Art of Living* (Hong Kong, 1996).

(21) 同上, p. 341.

(22) I. J. Hodgkiss and K. Y. Lee, *Hong Kong Seaweed* (Hong Kong, 1983).

(23) Xia and Abbott, 'Edible Seaweeds of China', p. 347.

(24) 同上

(25) Eric Tagliacozzo, 'A Necklace of Fins: Marine Goods Trading in Maritime Southeast Asia 1780-1860', *International Journal of Asian Studies*, I/1 (2004), pp. 23-48.

(26) Frederick J. Simoons, *Food in China: A Cultural and Historical Inquiry* (Ann Arbor, mi, and Boston, ma, 1991), pp. 182-3.

(27) Thomas O. Hollmann, *The Land of the Five Flavors: A Cultural History of Chinese Cuisine* (New York, 2014), p.31.

(28) Isabella Bird, *Korea and her Neighbours* (New York and Chicago, IL, 1898).

(29) Michael J. Pettid, *Korean Cuisine: An Illustrated History* (London, 2008).

(30) Okpyo Moon, 'Dining Elegance and Authenticity: Archaeology of Royal Court Cuisine in Korea', *Korea Journal* (spring 2010), pp. 36-59.

(31) Katarzyna J. Cwiertka, *Cuisine, Colonialism and Cold War* (London, 2012) 参照
(32) 'Korean Food', www.korea.net, accessed 30 August 2015.
(33) Pettid, *Korean Cuisine*, p. 25.
(34) Richard Rutt, *The Bamboo Grove* (Ann Arbor, MI, 1971), p. 3.
(35) David McCann, *Early Korean Literature* (New York, 2013), p. 28.

第4章　太平洋地域と南北アメリカの海藻

(1) Kaori O'Connor, 'The Hawaiian Luau: Food as Tradition, Transgression, Transformation and Travel', *Food, Culture and Society*, XXII/2 (June 2008), pp. 149-72.
(2) Heather J. Fortner, *The Limu Eater: A Cookbook of Hawaiian Seaweed* (Honolulu, 1978), p. 40.
(3) 'Learning about Hawaii's Edible Seaweeds', http://manoa.hawaii.edu 参照, 2015年8月22日アクセス。
(4) Henry P. Judd, 'Hawaiian Proverbs and Riddles', *Bishop Museum Bulletin*, LXXVII (Honolulu, 1930), p. 75.
(5) http://manoa.hawaii.edu 参照, 2015年8月22日アクセス。
(6) Vaughan MacCaughey, 'The Seaweeds of Hawaii', *American Journal of Botany*, III/8 (1916), pp. 474-9, p. 478.
(7) Edith Kanaka'ole, 'Hi'ipoi i ka 'aina aloha', in *La'au Hawaii: Traditional Hawaiian Uses of Plants*, ed. Isabella Aiona Abbott (Honolulu, 1992), p. 45.
(8) Fortner, *The Limu Eater*, p. 11.
(9) Mary Kawena Pukui, 'Olelo No'eau: Hawaiian Proverbs and Poetrical Sayings', Bishop Museum Press Special Publication, no. 71 (Honolulu, 1983)
(10) Fortner, *The Limu Eater*, pp. 28-9.
(11) 同上, p. 30.
(12) Rudiger Joppien and Bernard Smith, *The Art of Captain Cook's Voyages*, vol. III (New Haven, CT, and London, 1988).
(13) Hilary Stewart, *Indian Fishing: Early Methods on the Northwest Coast* (Seattle, WA, 1994), p. 18.
(14) 同上, p. 26.
(15) Dino Labiste, 'Bull Whip Kelp', www.primitiveways.com, accessed 10 March 2016.
(16) Nancy J. Turner and Helen Clifton, 'The Forest and the Seaweed: Gitga'at Sea-

weed, Traditional Ecological Knowledge and Community Survival', in *Eating and Healing: Traditional Food as Medicine*, ed. Andrew Pieroni and Lisa Leimar Price (New York and London, 2006).

(17) 同上, p. 163.

(18) 同上, p. 164-5.

(19) Frans Boas, *Ethnology of the Kwakiutl* (Washington, dc, 1921), pp. 292-6.

(20) Kaj Birket-Smith, *The Chugach Eskimo* (Copenhagen, 1953), pp. 42-4.

(21) Nancy J. Turner, 'The Ethnobotany of Edible Seaweed (*Porphyra abbottae* and related species: *Rhodophyta: Bangiales*) and its Use by First Nations of the Pacific Coast of Canada', *Canadian Journal of Botany*, LXXXi4 (2003), pp. 283-93, p. 290 .

(22) J. Fisher, 'Notes on the Vapour Bath and its Variants', *Folklore*, LXII/3 (1951), pp. 367-82, p. 375.

(23) Manuscript from the U.S./Canada Border Survey (1872), in the Christie Collection, British Museum. aoa dept bm, Notebook 30, Notes on record of NABC.

(24) Turner, 'The Ethnobotany of Edible Seaweed', p. 286.

(25) *Camus: West Coast Cooking Nuu-cha-nulth style*, http://uuathluk.ca/wordpress/cookbook/; 'Indigenous Food Systems on Vancouver Island' http://mapping.uvic.ca 参照。2015年8月15日アクセス。www.freshchoicekitchens.ca 2015年8月15日アクセス。Andrew George and Robert Gairns, *A Feast for All Seasons: Traditional Native Peoples Cuisine* (Vancouver, 2012), and Dolly and Annie Watts, *Where People Feast: An Indigenous Peoples' Cookbook* (Vancouver, 2007) も参照。

(26) Margaret Denis Dubin and Sylvia *Ross, Seaweed, Salmon and Manzanita Cider: A California Indian Feast* (Berkeley, CA, 2008).

(27) Eugenio Pereira Salas, *Apuntes para la historia de la cocina Chilena* (Santiago, 1977), English translation by James Stuart available at http://eatingchile.blogspot.co.uk 2015年8月15日アクセス

(28) 同上

(29) Sir Ernest Shackleton, *South! The Story of Shackleton's Last Expedition, 1914-1917* (London, 1919), p. 223.

(30) William Wood, *New England's Prospect* [1639] (Boston, MA, 1865).

(31) John Smith, A Description of New England (London, 1616), p. 30.

(32) Russell Peters and John Madama, *Clambake: A Wampanoag Tradition* (Los Angeles, CA, 1992) も参照

(33) Kathy Neustadt, *Clambake: The Celebration of an American Tradition* (Amherst, MA, 1992).
(34) Yarmouth Branch of the Cape Cod Hospital Aid Association, 'How to Put on a Cape Cod Clam Bake' (Yarmouth Port, MA, 1949).
(35) Hawk Hickok Hickman, *Knee Deep in Seaweed: Irish Sea Mossing in Scituate Mass in 1960-1997* (Scituate, 1997).
(36) Marialisa Calta, 'New Brunswick's Sea Snack', *New York Times*, 6 September 1987.
(37) Len Margaret, *Fish and Brewis, Toutens and Tales* (Canada's Atlantic Folklore - Folklife series) (St Johns, NL, 1980), p.49.

第5章　イギリス諸島と北欧の海藻

(1) E. J. Bean and T.P.S. Appleby, *Guidelines for Sustainable Intertidal Bait and Seaweed Collection in Wales: Legislative Review* (Bristol, 2014) 参照
(2) Ole Mouritsen, *Seaweeds: Edible, Available and Sustainable* (Chicago, IL, 2013) 参照
(3) Elizabeth Field, 'Irish Seaweed Revisited', in *Wild Food: Proceedings of the Oxford Symposium on Food and Cookery* (Oxford, 2004), pp. 114 -19.
(4) Fergus Kelly, *A Guide to Early Irish Law* (Dublin, 1991), p. 107.
(5) Lahney Preston-Matto, *Aislinge Meic Conglinne: The Vision of Mac Conglinne* (Syracuse, NY, 2010), p. 49.
(6) Hugh Collins, 'Finger on the Dulse: The Rise of Northern Irish Seaweed', *Indie Farmer*, 21 August 2015, www. indiefarmer.com.
(7) Heinrich Becker, *Seaweed Memories: In the Jaws of the Sea* (Dublin, 2000).
(8) 同上, p. 36.
(9) Séamus Mac an Iomaire, *The Shores of Connemara* [1938] (Galway, 2000).
(10) Collins, 'Finger on the Dulse'.
(11) Mac an Iomaire, *The Shores of Connemara*, p. 167.
(12) Ole G. Mouritsen et al., 'On the Human Consumption of the Red Seaweed Dulse (*Palmaria palmate* (L), Weber & Mohr), *Journal of Applied Phycology*, XXV (2013), pp. 1777-91, 参照。
(13) Regina Sexton, *A Little History of Irish Food* (London, 1998), p. 107.
(14) Florence Irwin, *The Cookin' Woman: Irish Country Recipes* (Belfast, 1986), p. 196.

(15) Mac an Iomaire, The Shores of Connemara, p. 169.

(16) Sigerson Clifford, 'The Races', in *Ballads of a Bogman* (Cork, 1992). Crubeens are pig's trotters and Peg's Legs are sticks of rock candy. See Máirtín Mac Con Iomaire, 'Food as "Motif in the Irish Song Tradition"', 16 http://arrow.dit.ie 2015年8月20日アクセス

(17) First, Second and Third Drowned, in Dylan Thomas, *Under Milk Wood* (London, 1954).

(18) J. Geraint Jenkins, *Cockles and Mussels: Aspects of Shellfish-gathering in Wales* (Cardiff, 1984).

(19) A letter from the Reverend Mr Nicholas Roberts as quoted in Edmund Gibbon's 1772 edition of *Camden's Britannia*.

(20) Bobby Freeman, *First Catch Your Peacock* (Talybont, 2006), p. 169.

(21) Robin Turner, 'We Love Laverbread', *Western Mail* (Cardiff), 3 November 2004.

(22) Kaori O'Connor, 'The Secret History of the Weed of Hiraeth: Laverbread, Identity and Museums in Wales', *Journal of Museum Ethnography*, 22 (December 2009).

(23) Ann Hagan, *A Second Handbook of Anglo-Saxon Food and Drink: Production and Distribution* (Ely, 1999), p. 42.

(24) Lch. ii 268.8-9, in Noriko Unebe, 'Uses of Seaweed in Anglo-Saxon England: From an Ethnographic Angle', *Journal of Tokyo Kasei Gakuin University, Humanities and Social Sciences*, XLI (2001), pp. 85-94.

(25) In Dorothy Hartley, *Food in England* (London, 2012), p. 284.

(26) W. H. Grattan, *British Marine Algae* (London, 1853), p. 150.

(27) Eneas Sweetland Dallas, *Kettner's Book of the Table* (London, 1877), pp. 272-3, https://archive.org 2015年9月30日アクセス

(28) Charles Dickens, *All The Year Round*, vol. XVI (1 December 1866), p. 495.

(29) *Mrs Beeton's Book of Household Management*, new edn (London, 1901), p. 728.

(30) Hartley, *Food in England*, p. 285.

(31) Martin, *A Description of the Western Islands of Scotland* (1703).

(32) Morgan Daimler, *Selected Prayers from Volume I of the Carmina Gadelica* (Raleigh, NC, 2011), p. 82.

(33) From Alexander Carmichael's *Carmina Gadelica* (1997), a collection of poems, prayers and incantations from the Highlands during the last century. In Gregory Kenicer, Sam Bridgewater and William Milliken, 'The Ebb and Flow of Scottish Seaweed Use', *Botanical Journal of Scotland*, LII/2 (2000), pp. 119-48, p. 131.

(34) Kenicer et al., 'The Ebb and Flow of Scottish Seaweed Use', p. 121.
(35) Martin, *A Description of the Western Islands of Scotland*, p. 148.
(36) Marian McNeil, *The Scots Kitchen* (Edinburgh, 1929), p. 216.
(37) 同上, p. 121.
(38) Leslie A. Robertson, *Imagining Difference: Legend, Curse and Spectacle in a Canadian Mining Town* (Vancouver, 2005), p. 49.
(39) Kenicer et al., 'The Ebb and Flow of Scottish Seaweed Use', p. 120.
(40) Charles Dickens, *'The Purple Shore', Household Words*, vol. XIV (London, 1856), p. 319.
(41) Kenicer et al., 'The Ebb and Flow of Scottish Seaweed Use', p. 126.
(42) Martin, *A Description of the Western Islands of Scotland*, p. 148.
(43) S. V. Hallson, *The Uses of Seaweeds in Iceland. Fourth International Seaweed Symposium* (Biarritz, 1961).
(44) 同上
(45) Nordic Food Lab, 'Beyond "New" Nordic', 18 May 2015, http://nordicfoodlab.org/blog/2015/5/18/beyond-newnordic.
(46) Ole G. Mouritsen et al., 'Seaweeds for Umami Flavour in the New Nordic Cuisine', *Flavour*, I/4 (2012), www.flavourjournal.com 2015年9月30日アクセス。本サイトのこのページはダルス・アイスクリーム，ダルス入りフレッシュ・チーズ，ダルスブレッドのレシピを掲載し，ノルディック・フード・ラボの活動を詳細に紹介している。

終章　今こそ海藻の時代

(1) Julio A. Vasquez, 'The Production, Use and Fate of Chilean Brown Seaweeds: Resources for a Sustainable Industry', Nineteenth International Seaweed Symposium Proceedings (2007), pp. 7-17. Celine Rebours, Elaine Marinho-Soriano, Jose A. Zertuche-Gonzalez et al., 'Seaweeds: An Opportunity for Wealth and Sustainable Livelihood for Coastal Communities', *Journal of Applied Phycology*, XXVI/5 (2014), pp. 1939-51も参照。
(2) Sophia Efstathiou and Bjørn Myska, 'Weeding out the Sea: Adding "Value" to Norwegian Seaweed', paper given at 'Hidden Histories of Things/Commodity Histories', a workshop given at University College London, January 2015.
(3) www.greenwave.org 参照
(4) Dana Goodyear, 'A New Leaf', *New Yorker*, 2 November 2015.

(5) Thomas Mumford Jr and Akio Miura, 'Porphyra as Food: Cultivation and Economics', in *Algae and Human Affairs*, ed. Carole A. Lembi and J. Robert Waaland (Cambridge, 1989), p. 88.

(6) FAO Prospects for seaweed in developing countries, Appendix A, www.fao.org/docrep/004/y3550e00.htm（2016年7月26日アクセス）

(7) Carmen Blacker, 'Supernatural Abductions in Japanese Folklore', *Asian Folklore Studies*, XXVI/2 (1967), pp. 111-47.

レシピ集

さまざまな調理に利用できる海藻は，種類や採集時期，原産地や加工方法の違いによって大きく性質が異なるため，料理に使うのに「唯一正しい」方法というものはなく，使い方はバラエティに富む。このため，海藻生産者によるレシピが，実際に調理するさいに大いに役に立つ。そうしたレシピは特定の海藻を利用するために作られたものだからだ。ほかの料理と同様，レシピ開発への一番の近道は冒険心と実験，発見だ。あきらめることなく，新しいレシピと料理書を探し求めよう。新たなレシピが見つかる可能性は，海のように果てしなく大きい。

海藻専門の生産者が販売する乾燥および真空パックの海藻は，最近はインターネットを通じて入手しやすくなっている。生産者のウェブサイトやレシピサイト，ブログはレシピ探しにもってこいの場であり，専門家による海藻料理の本も増えている。なお，ここに紹介するレシピは，大昔の珍味や，いつどこで考え出されたのか不明なもの，あるいは著者個人の好みによるものであることをご承知おき願いたい。

海藻スープはそれこそ世界中に無数にある料理だが，ここでは参考のために数種類かを紹介してみた。また，昔から伝わる海藻と貝類の組み合わせも取り上げている。欧米では生地に海藻をくわえたパンは人気があり，これはそれぞれの文化に根付いた利用法とも言えよう。これに関してもいくつかのレシピを挙げている。

◉ヴィクトリア朝，ランズボロー医師の病人用カラギーン・トディ

チャールズ・ディケンズ編集の週刊誌「家庭の言葉 *Household Words*」（1856年）より。

このレシピはカリブ海地域の媚薬，アイリッシュモス・パンチのものとそっくりで，カリブ海地域では固めずに甘い酒として飲み，ラム酒をくわえることもある点だけが異なる。

1. ティーカップ1杯分の乾燥カラギーンを湯で煮立てたら，濾して牛乳，砂糖，ナツメグやシナモン，レモンエッセンスなどの調味料や香味料をくわえて煮る。
2. 型に流してブランマンジェのように固める。
3. 食べるときにクリームを添えるととてもおいしく，甘いもの好きの男の子や女の子なら病人のふりをして食べたがるだろう。

……………………………………………

◉イングランド流昔ながらのラバー

エネアス・スイートランド・ダラスが「ケトナーの料理書 *Kettner's Book of the Table*」を刊行した1877年には，ラバーはイングランドではほとんど食べられていなかった。これをダラスは大いに残念がり，「ラバーには魅力があり，イングランド料理の代表格にとどめておくべきだ」と書いている。ここに紹介するのはダラスによる簡単なレシピだ。

1. ラバーを煮る前に，水につけて塩気を抜く。苦味をとりたければ炭酸ソーダを少々くわえる。
2. やわらかくなるまで水煮して，ホウレンソウを調理するときのように，スープストックや牛乳，またはバターと1，2杯のレモンジュースと合わせる。

………………………………………………

◉燻製のマッカレルパテ，ラバー添え

私が知るかぎり，最高のマッカレルパテ（サバのパテ）は，コリン・プレスディーの『ウェールズ沿岸の料理 *Welsh Coastal Cookery*』（1995年）に掲載されているものだ。この料理書は沿岸料理のパイオニア的作品だ。

燻製のサバ（皮をはぎ骨を抜いたもの）…450*g*
ホースラディッシュ（セイヨウワサビ）のソース，ピリ辛またはマイルド味…大さじ2
低脂肪のカード［乳が固まって豆腐状になったもの。チーズの原型］またはクリームチーズ…225*g*
新鮮な全粒パンのパン粉…50*g*
挽いたブラックペッパー（またはコショウ付きのサバを使用）…小さじ1
きざんだラバー（ウェールズ産の生か缶詰，真空パック入りのもの。乾燥ラバーは使わない）…50*g*
レモン汁…1個分

1. サバの皮と骨をきれいに取り除く。
2. ボールのなかでサバの身をほぐすか，フードプロセッサーに数秒かける。
3. チーズ，ホースラディッシュのソース，パン粉，ラバー，レモン汁，（使う場合は）コショウをくわえて混ぜ，なめらかなパテにする。
4. 少なくとも2時間，できればひと晩冷やして，それぞれの風味が溶け合うようにする。

………………………………………………

◉イギリス風海藻バター

これは手早く簡単に作れるレシピの代表格だが，海藻ではなく魚や貝類を使って風味を変えることもできるし，調味料や，パンに塗るスプレッドにもなる。スコットランドにはダルスのみを使う海藻バターがある。

バター（無塩でも加塩のものでも可。

室温に戻したもの）…250*g*
乾燥海藻（ワカメ，ヒバマタ，ノリその他を混ぜたもの）…大さじ1（水につけてもどす前の分量）
シーソルト（味を調えるため）

1. 海藻を水につけてもどす。もどったら，ペーパータオルやフキンでしっかり水分をとる。
2. 海藻を細かくきざんで，やわらかくなったバターにシーソルトとともに混ぜる。
3. 最低2時間は冷やして海藻の風味をバターになじませる。
4. 海藻の分量は好みに応じて増やす。

………………………………………

◉ローストマトン用ラバーとオレンジのソース

このレシピは料理史家のローラ・メイソンによるもので，著書『ナショナルトラストの農場の料理書 *The National Trust Farmhouse Cookbook*』（2009年）に掲載されている。メイソンいわく，ラバーを使った最高のレシピだ。

きざんだラバー…450*g*
バター…80*g*
ダイダイ果汁（季節でなければレモンやタンジェリン［ミカンの一種］の果汁）…1個分
塩コショウ

1. ラバーをバターでじっくりと熱し，ダイダイの果汁，塩コショウで味付けする。
2. 熱々のものを供する。

………………………………………

◉ダルスソーダのスコーン

このおいしいスコーンはレジーナ・セクストンの『アイルランドの食物小史 *A Little History of Irish Food*』（1998年）掲載のものだ。セクストンは，このスコーンは軽くトーストしてクリーミーなスクランブル・エッグを添えて出すと最高だと述べている。このレシピは12個分。

乾燥ダルス…10*g*
ベーキングパウダー入りではない小麦粉…450*g*
重曹…小さじ1
塩…小さじ1
バターミルク…350～375*ml*
溶き卵…1個

1. オーブンを200℃に余熱し，小麦粉を振った天板もオーブンのなかに入れ熱しておく。
2. ダルスを5分ほど水にひたす。
3. 水を切ってダルスをみじん切りにする。
4. 小麦粉，重曹，塩を，冷やした大型のボールにふるい入れる。
5. ふるいにかけたら，数秒指でかき混ぜて空気を含ませる。
6. みじん切りにしたダルスをくわえる。

7. 混ぜたものの中央にくぼみを作ってバターミルクの大半を注ぐ。
8. 片手でボールを押さえて，小麦粉とバターミルクがなじむように，もう一方の手で円を描くように混ぜる。
9. 生地にまとまるまでしばらく混ぜる。
10. 生地が少し硬いと感じたら，残りのバターミルクを足す。ふわりとした成形しやすい生地にすること。
11. 表面に小麦粉をかるくまぶし，生地をやさしく扱って丸めたら，手のひらで押して厚さ2.5センチ程度にする。
12. 溶き卵をハケで薄く塗り，12個のスコーンに切り分ける。
13. 余熱した天板にのせて余熱済みのオーブンで20 ～ 25分ほど焼く。

……………………………………………

◉アイスランドのダルスとモスのパン

ナナ・ローグンバルダルドッティールの『アイスランドの食物と料理 *Icelandic Food and Cookery*』（2001年）掲載のこのパンは，地衣類と海藻を組み合わせたレシピで，アイスランドの原風景を反映させたものだ。著者によると，このレシピは古いものではないが，アイスランドモス（学名 *Cetraria islandica*，健康食品店や販売業者から入手可）とダルスは，滋養があるため大昔からパンに混ぜることが多かったのだという。ダルスに塩分が含まれるため，塩をくわえる必要はない。

ドライイースト…大さじ2
砂糖…小さじ1
ぬるま湯…2カップ
全粒小麦粉…1カップ
水でもどしたパック入りアイスランドモス…1カップ
きざんだダルス…½カップ
バター…大さじ3
パン用小麦粉，必要に応じて…3カップ

1. イーストと砂糖をぬるま湯に溶かして泡立つまでおく。
2. これを全粒小麦粉にくわえてかき混ぜ，覆いをして生地がふくらむまで，温かい場所で15分ほどおく。
3. その間にアイスランドモスとダルスを細かくきざむ。アイスランドモスはフードプロセッサーにかけてもよいが，ダルスはハサミで切ったほうがよい。
4. バターを溶かして少々冷まし，アイスランドモスとダルスと一緒に生地に混ぜる。
5. やわらかく成形しやすい生地になるよう少しずつ混ぜる。
6. しっかりこねて，丸くまとめ，ボールに入れてふんわりと覆いをかけて，生地がふくらむ（あるいは2倍ほどになる）まで室温で1時間ほどおく。
7. 生地をたたきつけ，少々こねて2個のパンにする。
8. バターを塗り小麦粉をふったベーキングシートにのせて25 ～ 30分醗酵させる。

9. オーブンを200℃に余熱する。
10. 切れ味のよいナイフで，パンの表面に2.5センチ間隔で斜めに切り目をつける。
11. 冷水をハケで塗り，30分ほど，キツネ色になるまで焼く。底をたたくと空洞があるようなぼこぼことした音がすれば焼き上がり。
12. しっかり冷ましてから切り分ける。

……………………………………………

◉ジュリーの海藻入りクリスプブレッド

このレシピは海藻と植物の種子で風味を増したクリスプブレッド［平たく乾いた，クラッカー状のパン］で，科学者であり種子の歴史を研究するオール・G・モウリトセンによるものだ。彼のすばらしい著書『海藻――食料となり，さまざまに利用でき，そして持続可能なもの *Seaweeds: Edible, Available and Sustainable*』（2013年）に掲載されている。

押しオーツ麦［ローラーで平たくつぶし，煮えやすくしたもの］…150*ml*
亜麻の種…150*ml*
ヒマワリの種…100*ml*
カボチャの種…100*ml*
塩…小さじ2
小麦粉…250*ml*
ベーキングパウダー…小さじ1
海藻顆粒（アオサ，ダルス，ブルホイップケルプ，ジャイアントケルプ，メカブを混ぜたもの）…大さじ4
水…200*ml*
グレープシードオイル…大さじ2

1. ボールでオーツ麦，種子類，海藻，塩，小麦粉，ベーキングパウダーを混ぜる。
2. 水をくわえ，生地にねばりが出るまでよく混ぜる。
3. 生地をふたつに分けて，一方をクッキングシートにのせる。
4. この生地の上に別のクッキングシートをのせ，生地を平らに，できるだけ薄くのばす。
5. クッキングシートの上からナイフかピザカッターをあて，下のクッキングシートまで切らないようにして生地に格子状の切り目を入れる。
6. 上のシートを取り除き，生地を底のシートごとベーキングシートにのせる。
7. もう一方の生地も同様にする。
8. このクリスプブレッドの生地を200℃のオーブンで15～20分ほど，キツネ色になるまで焼く。
9. クリスプブレッドを焼き網にのせて冷ます。数分で，ナイフで入れた切り目に沿ってクリスプブレッドを割ることができる。

……………………………………………

◉海藻とハマグリ

これは，太平洋岸南西部に住むクワキウトル族の伝統レシピだ。文化人類学者のフランツ・ボアズが収集したもので，ボアズの著書『クワキウトル民族誌

Ethnology of the Kwakiutl』(1921年)に収録されている。

1. 大型のハマグリ4個を用意し，殻を開ける。
2. 砂を取り除き，きれいになったら鍋に入れる。
3. 鍋に水を注ぐ。水の量は多すぎてはならない。
4. 洗ったハマグリを女性が手に取り，水が乳白色になるまでハマグリをつぶす。
5. 鍋を火にかけ，長時間煮立てる。
6. 鍋にオイルを注ぐ。
7. 鍋を火から下ろす。
8. 冷水を鍋の半分より上にくるまで注ぐ。
9. きざんだ海藻を鍋に入れ，とろみが十分につくまでかき混ぜる。
10. 再度鍋を火にかけ，じっくり煮る。
11. さらにオイルを鍋に注ぐ。
12. 鍋を火から下ろしてできあがり。スプーンですくって食べる。

………………………………………………

◉スパム「むすび」

ハワイのレシピで，海苔で巻いたとてもおいしい食べ物。もとはハワイの日系人コミュニティで食べていたものだが，今ではだれもが食べる人気の品だ。本物の鮨となると高級料理だが，スパム「むすび」はスシ代わりに，手軽に食べられるおいしいひと品だ。

(6～8個分)

スパムの缶詰…1個
おにぎり用の生米…600g
板海苔…好みに応じて必要なだけ
醤油…大さじ3
砂糖…大さじ3
ふりかけ

1. 米を炊き，室温まで冷ます。
2. スパムを6～8枚にスライスする。
3. スパムのスライスを焼く。砂糖醤油をかけ，からめながら焼く。
4. 片手を塩水につけて手のなかで飯を上下が平らな鮨の形ににぎり，上にスパムをのせ，海苔の帯で飯とスパムをしっかりと巻く。
5. 現在では，「足枠」(「むすび」メーカー)という小さな箱のなかに炊いた飯を詰め，スパムをのせ，さらに飯を上から詰めるという新しい作り方もある。この上に海藻粉末，カツオブシ粉，ゴマを混ぜた「ふりかけ」を上にふり，海苔で巻く。

………………………………………………

◉スキヤキ

「スキヤキ」は，ひとつの鍋で食材を煮炊きした昔の日本料理の現代版だ。この料理のおもしろいところは，たいていは客の目の前のテーブルで調理するため，おいしい料理を味わうだけでなく，料理をする楽しみもある点だ。食べるときは，個々に好きなものを鍋から小鉢に取る。調理前の食材は大皿に美しく，そしてき

ちんと整頓されて盛り付けられているが，これは食材を鍋に入れるタイミングがそれぞれ異なるからだ。19世紀に肉食の禁止が解かれると，牛肉を使った「スキヤキ」が人気を博した。欧米の人々は和食に出会った当初，「スキヤキ」に夢中になった。

牛肉，ベーコン程度の薄切り…約675*g*
ネギ…10本
「シラタキ」…2袋
シュンギクまたはチンゲイサイ…約300*g*
豆腐…2丁
タケノコ…約300*g*
植物油…大さじ1
醤油…⅔カップ
砂糖…大さじ8
水（割り下用）…2カップ
昆布（割り下のだしにのみ使用）…25センチ
卵…ひとりにつき1個

1. 割り下のだし用に，水に昆布をひたして10時間ほどおく。
2. 醤油と砂糖をくわえ，煮立たせてから火から下ろし，濾す。
3. ネギを幅5ミリほどの斜め切りにする。
4. シュンギクかチンゲイサイをよく洗う。
6. シラタキを洗って水を切り，8センチほどの長さに切る。
7. 豆腐を四角形12個に切り分ける。
8. タケノコに斜めに包丁を入れ薄切りにする。
9. 大皿に材料を美しく盛り付ける。
10. スキヤキ用の鍋に油をひく。
11. 油を熱したら，火が通りにくい野菜から入れ，熱を通す。
12. 野菜の上に牛肉をある程度のせ，割り下をくわえる。
13. 最後に「シラタキ」と豆腐をくわえる。
14. 一度にすべての材料を入れないこと。
15. 味を見て適宜醤油や砂糖をくわえる。
16. 材料が煮えたら食べる。鍋が空いてきたら野菜や肉をたす。
17. 供するさいにはひとりに1個卵をつける。個々に小鉢に生卵を割り入れて「スキヤキ」を取り，ご飯と一緒に食べる。

……………………………………………

◉「だし」と「吸い物」：かき玉汁

香川綾の『日本の料理 *Japanese Cookbook*』（1949年）より。これは欧米人に和食と和食文化を紹介するための書だ。ここでは，2段階の調理を経て作る透明なスープ，「吸い物」を紹介する。まずは「だし」作りだ。

カツオブシ（乾燥させたかつお）と昆布を使う。最高級のカツオブシは土佐節と呼ばれ，四国の土佐地方で作られるものだ。だしはカツオブシを削ったもので取る。少し火であぶってから削るとやりやすい。ひとりにつき大さじ1程度のかつお削りぶしで十分だ。ケルプの一種で

ある昆布は北海道が主要産地であり，小さく切って使う。以下は6人分の分量。

（だし用）
かつお削りぶし…½カップ
昆布…約2.5×2.5センチ，1枚
うまみ調味料…小さじ¼
水…5カップ

1. 昆布を水に入れて火にかける。
2. 大きな泡が出てきたら，昆布を取り出しかつお削りぶしを入れる。
3. 水が沸騰したらすぐに火をとめる。
4. かつお削りぶしが鍋底に沈んだら，上澄みをだしとして使う。これが一番だし。
5. 二番だしは，一番だしを取ったあとの鍋に水340*ml*（1½カップ）を入れ，取り出していた昆布を入れて10分煮立てる。
6. 味噌汁や煮物には二番だしを使う。

（かき玉汁）
卵…2個
海苔…1枚
一番だし…5カップ
かたくり粉…小さじ2
塩…小さじ2
醤油…小さじ2

1. だしを鍋に入れ，熱して塩，醤油，かたくり粉を水に溶かしたものをくわえる。
2. ボールで卵を溶き，味をつけただしが煮立ったら，穴杓子を使って卵を汁の表面に広げるように回し入れる。
3. できるだけ手早く卵を回し入れること。卵は汁に糸のように浮く。
4. 味付け海苔を小さく砕いてくわえる。

…………………………………………

◉沖縄の長寿スープ

沖縄にはたくさんの「長寿スープ」があり，そのひとつだ。まず，栄養分たっぷりの豚でスープストックを取り，余分な脂肪を何度かすくって取り除く。このスープストックを使って長寿スープを作る。かつおを使う点には日本の影響が，豚を使って長時間ことこと煮込む点には中国の影響が見てとれる。

豚骨…900*g*
豚バラ肉…225*g*
水…3.6リットル
かつお削り節…1½カップ
塩…小さじ1
醤油…小さじ1

1. 豚骨と豚バラ肉を覆うくらいの水を注ぎ，沸騰させ，湯を捨てて豚骨と肉を洗って脂などを落とす。
2. 鍋に水，豚骨，豚バラ肉を入れて沸騰させ，ふたをして1時間ほど弱火で煮る。アクを数回取る。
3. 豚バラ肉と豚骨を取り出し（肉と骨はとっておく），濾したスープストックを鍋に戻す。

4. この豚のスープストックにかつお削り節を入れて2分ほど煮立たせて，濾して削り節を取り除く。
5. このスープストックを鍋に戻して塩と醤油をくわえる。
6. スープストックと煮た豚肉は，脂肪をきれいに取り除いた状態にすること。
7. 豚バラ肉から骨や軟骨を取り除き，肉を切り分けおいておく。次の材料を用意する。

干しシイタケ，4つに切る…6～8個
乾燥昆布…15×20センチ，1枚
大根…350*g*
からし菜…225*g*
根ショウガ…5センチ

1. 乾燥昆布を30分ほど，やわらかくなるまで水にひたし，1×2.5センチ程度の短冊に切る。
2. からし菜を1×2.5センチ程度の短冊に切る。
3. 大根を昆布とからし菜と同様に切る。
4. 干しシイタケ，ショウガ，昆布をスープストックに入れ，沸騰したら火を弱める。
5. 切り分けておいた豚肉をくわえて30分ほど弱火で煮る。
6. 大根をくわえ，さらに15分ほど煮る。
7. 醤油と塩をくわえて味を調え，最後にからし菜をくわえる。
8. からし菜のあざやかな緑色と食感が失われないように，さっと煮て火をとめる。

…………………………………………

◉フィリピン風ハマグリと海藻のスープ

フィリピンは，キリンサイ属の海藻の，世界最大の産地のひとつだ。この海藻からは産業用カラギーナンを抽出する。ハワイ同様，フィリピン国内で消費する場合，熱帯の海藻は乾燥させるのではなく生で食べることが多い。バゴーンは，魚や小エビを醱酵させたピリ辛のペーストだ。魚をベースとしたアジアの調味料から，さっぱりしたスープができる。この場合，米をといだ水を使うことに注意。

（6人分）
料理用オイル…大さじ2
ニンニクのみじん切り…小さじ1
タマネギのみじん切り…大さじ2
バゴーン（ペースト状の調味料）…大さじ3
塩…小さじ1
米のとぎ汁…900*ml*
トマト，スライスしたもの…90*g*
殻つきハマグリ…5カップ
新鮮なホウレンソウ…2束
海藻（ナラサモ：学名 *Sargassum nigrifolium*／5センチ程度の長さに切ったもの）…200*g*

1. ニンニク，タマネギ，トマト，ハマグリをオイルで炒める。
2. バゴーンと塩で味付けする。
3. 米のとぎ汁をくわえる。
4. 3が煮立ってきたら，ホウレンソウ

と海藻をくわえる。
5. 3分煮たら，熱いうちに供する。

……………………………………………

◉紫菜湯（ズーツァイタン）――中国風海藻のスープ

鶏，豚，または魚でとったスープストック…6カップ
干しエビ（水にひたしてやわらかくし，もどし汁はとっておく）…大さじ1
豚ひき肉…約110g
乾燥海藻（水でもどして洗い，きざむ）…1カップ
きざみネギ…大さじ2
ゴマ油…小さじ½

1. スープストックと干しエビのもどし汁を鍋に入れ沸騰させる。
2. 豚ひき肉をくわえて弱火で10分煮る。
3. 火を強め，水でもどした海藻をくわえ，煮立ったところで火を弱めて，弱火で10分煮る。
4. ネギとゴマ油をくわえる。
5. 火を止める5分ほど前にさいの目切りにした豆腐をくわえてもよい。

……………………………………………

◉ミヨッククー―韓国風海藻と貝のスープ

これは韓国の有名な海藻スープ「ミヨックク」の一例で，芸術史および料理史家のジリアン・ライリーのレシピだ。ジリアンの好物で，カキを使うのが伝統的な作り方だと書いている。

以下の材料をひとりあたり100g
ムラサキイガイ
ハマグリ
ゆでた殻付きエビ
生のクルマエビ
ワカメ（生か乾燥かで異なるが，ゆですぎたり水に長くつけすぎたりしないこと）
自家製または市販の魚のだし
韓国ゴマ油
ニンニクの粗みじん切り，味を調えるため…ひとりにつき大きめの1片程度

1. 生のエビとゆでエビの殻をむく。殻と頭は魚のだしを取るときに使うと，塩をくわえなくとも非常においしいだしがとれる。
2. 貝をこすり合わせてきれいに洗う。
3. 鍋に辛味のついていないオイルをひいて熱し，ニンニクのみじん切りを入れる。
4. ニンニクが色づきはじめ香りが出てきたら，ムラサキイガイを入れ，辛口の白ワインを少量ふる。
5. フタをして熱する。
6. ムラサキイガイの殻が開いたらボールに濾し，貝と出た汁を分ける。
6. ムラサキイガイを別の容器に取りおいて，汁だけを鍋に戻す。
7. その汁でハマグリを煮て，これもボー

ルに濾し，出た汁はとっておく。
8. ムラサキイガイとハマグリの味が出た汁を鍋に戻す。
9. 用意した魚のだしを鍋にくわえ，ワカメを入れて，だし汁をワカメに吸わせる。時間が長すぎるとふやけてしまうので注意すること。
10. 殻を取ったムラサキイガイとハマグリの身を鍋に入れて，殻をむいたエビをくわえて弱火でひと煮する。
11. 韓国ゴマ油を数滴たらして供する。

……………………………………………

◉ウェールズ風海藻スープ（カウル・ラウル）

ウェールズの国民食ともいえるカウルは，野菜や肉を使った滋養のあるスープだ。地域によって作り方はさまざまで，ここに紹介するラバーを使うレシピは，沿岸地域の名物料理だ。基本のスープはベーコンや牛肉，ヒツジ肉で取ったものだが，魚や野菜のスープも使える。

スープストック…2リットル
ニンジン（小さく切る）…100g
リーキ（きざむ）…225g
ジャガイモ（小さく切る）…225g
ウェールズ産ラバー（缶詰か真空パックのもの）…175g

1. 野菜を軽く色づくまで炒める。
2. スープストックとウェールズ産ラバーをくわえる。できれば生のラバーがよいが，缶詰や真空パックのものでもよい。
3. 20分ほど弱火で煮込み，ウェールズ産のハレン・モン［ウェールズ地方アングルシー島産の天然海塩のブランド］の海塩で味を調えて供する。

カオリ・オコナー（Kaori O'Connor）
ユニヴァーシティ・カレッジ・ロンドンの文化人類学上席研究員。食物やファッションをはじめとする物質文化および大衆文化，ベビーブーマー世代の文化をおもな研究対象とする。『イギリスの朝食 *The English Breakfast*』(2013年)，『終わりなき宴――饗宴に見る人類学と考古学 *The Never-Ending Feast: The Anthropology and Archaeology of Feasting*』（2015年），『「食」の図書館 パイナップルの歴史』（邦訳原書房，2015年）など，学術書やノンフィクションの分野で多数の著書がある。食物史のすぐれた業績に対して授与されるソフィー・コウ賞を2009年に受賞。

龍和子（りゅう・かずこ）
北九州市立大学外国語学部卒。訳書に，ピート・ブラウン／ビル・ブラッドショー『世界のシードル図鑑』，「食」の図書館シリーズでは，レニー・マートン『コメの歴史』，シルヴィア・ラブグレン『メロンとスイカの歴史』（以上原書房）などがある。